Michaela Titz

Frühling, Sommer, Herbst & KÜCHE

Saisonale Rezepte mit regionalen Zutaten

Michaela Titz

Frühling, Sommer, Herbst & Küche

Dachbuch Verlag

Dachbuch
Verlag

1. Auflage: März 2021

2. Auflage: 2021

Veröffentlicht von Dachbuch Verlag GmbH, Wien

ISBN 978-3-903263-33-8

EPUB ISBN 978-3-903263-34-5

Texte, Rezepte und Zubereitung: Michaela Titz

Umschlagfoto: Michaela Titz

Fotografie: Michaela Titz, Miriam Mehlman (S. 2, S. 92, S. 126, S. 158, S. 170, S. 179, S. 187, S. 192)

Lektorat: Teresa Emich

Korrektorat: Nikolai Uzelac

Satz und Umschlaggestaltung: Daniel Uzelac

Druck und Bindearbeiten: Rotografika, Subotica

Printed in Serbia

Besuchen Sie uns im Internet

www.dachbuch.at

Besuchen Sie Michaela Titz im Internet

www.littlebee.at

Inhalt

Mit Liebe kochen ist
Nahrung für die Seele

Vorwort

Meine Geschichte rund um saisonales Obst und Gemüse beginnt eigentlich in meiner Kindheit, als meine Oma nur das gekocht hat, was es gerade zu kaufen gab. Südfrüchte und importierte Erdbeeren waren damals noch ein Luxusgut und nicht für alle verfügbar.

So habe ich schon als Kind gelernt, was saisonal und regional einzukaufen bedeutet und wie sich so die kreativsten Dinge auf den Tisch zaubern lassen.

Noch heute richte ich mich in meiner Speiseplanung nach dem vorhandenen Angebot. Früher vorwiegend mit Produkten aus Super- und Wochenmarkt, heute vermehrt durch Produkte aus meinem Gemüsegarten, den ich seit einigen Jahren bewirtschafte.

Durch die eigene Ernte und den vorhandenen Überschuss an Obst und Gemüse sind viele fruchtbare Ideen rund um die Verarbeitung von saisonalem Obst und Gemüse entstanden. Alles, was sich nicht frisch verwerten lässt, weil zu viel davon vorhanden ist, verarbeite ich zu haltbaren Produkten und fülle damit die Speisekammer für den Winter.

Dieses Buch richtet sich an alle, die gerne saisonal kochen und sich von der geschmacklichen Vielfalt regionaler Küche inspirieren lassen möchten. Sei es als Hobbygärtner oder einfach, um einmal was »Neues« auszuprobieren.

Lass auch du dich inspirieren!

Frühling

Wenn die Welt aus dem Winterschlaf erwacht, ja, dann ist Frühling.

Der Neuanfang ist überall spürbar, und auch im Garten und auf den Wiesen gibt es nun wieder frische Zutaten für die Küche zu ernten.

Bärlauch-Schupfnudeln
mit frischem Dip und Salat

Im Frühling warte ich immer sehnsüchtig auf den ersten Bärlauch. Er ist für mich DER Frühlingsbote schlechthin und eröffnet die neue Saison und Erntezeit. Endlich wieder mehr draußen sein, Sonnenstrahlen, die auf der Nasenspitze kitzeln und dazu der Geruch von Bärlauch in der Küche – was gibt es Schöneres? Schupfnudeln sind eine ganz wunderbare und einfache Möglichkeit, um Bärlauch einmal anders als gewohnt zu verarbeiten.

ZUTATEN FÜR 3-4 PERSONEN

90 MINUTEN

50 g Butter
1 Eidotter
500 g mehlige Kartoffeln
140 g glattes Dinkelmehl
½ TL Salz
30 g Weizengrieß
50 g Bärlauch
Olivenöl für die Pfanne

Mehl für die Arbeitsfläche

ZUBEREITUNG

Die Zubereitung der Schupfnudeln ist einfach, benötigt aber Zeit.

Kartoffeln waschen, in einem Topf mit Wasser bedecken, aufkochen lassen und auf mittlerer Stufe kochen, bis sie weich sind. Auskühlen lassen und abschälen. Anschließend durch eine Kartoffelpresse drücken.

Den Bärlauch waschen, fein schneiden und mit den restlichen Zutaten vorsichtig zu einem Teig verkneten.

Diesen für 30 Minuten kalt stellen, da sich die Schupfnudeln danach besser formen lassen.

Den Teig zu einer langen Rolle auswalzen (ca. 5 cm im Durchmesser) und daumendicke Stücke abschneiden. Diese auf einer bemehlten Arbeitsfläche zu 10-15 cm langen Nudeln rollen und in einer Pfanne in etwas Öl auf mittlerer Stufe von beiden Seiten her goldgelb anbraten.

Tipp

Zu den Bärlauch-Schupfnudeln empfehle ich einen Salat mit frühlingshaftem Dip (siehe »Zucchini-Waffeln« auf Seite 58) oder Mayonnaise.

Kohlrabischnitzel
mit Vogerlsalat

ZUTATEN FÜR 3-4 PERSONEN
40 MINUTEN

2 Kohlrabiköpfe
1 Ei
200 ml Milch
150 g Semmelbrösel
50 g Kürbiskerne
150 g glattes Mehl
Sonnenblumenöl für die Pfanne

ZUBEREITUNG

Den Kohlrabi waschen, schälen und in fingerdicke Scheiben schneiden. Diese in einem Topf mit Wasser bedecken und zum Kochen bringen. Auf mittlerer Stufe bissfest kochen. Dieser Vorgang geht sehr schnell, man sollte also darauf achten, dass die Kohlrabischeiben nicht zu weich werden.

Auf 3 Tellern eine Panierstation vorbereiten: Einen Teller zur Hälfte mit Mehl befüllen, einen anderen mit Semmelbrösel füllen, ⅔ der Kürbiskerne zu kleinen Stücken zerstoßen und zugeben. Auf dem letzten Teller Milch mit einem aufgeschlagenen Ei verquirlen.

Die Kohlrabischeiben der Reihe nach erst in Mehl wälzen, danach in der Ei-Milch-Mischung schwenken, schließlich komplett mit Semmelbröseln bedecken und festdrücken.

In einer Pfanne das Sonnenblumenöl erhitzen und die Kohlrabischnitzel bei mittlerer Stufe auf beiden Seiten goldgelb backen.

Mit Salat und Kürbiskernen anrichten.

Hard Fact

Kohlrabi kann das ganze Jahr über angebaut werden und wächst auf nahezu jedem Boden. Er enthält nicht nur viele Vitamine und Mineralstoffe, sondern kann von der Knolle bis zum Blatt verarbeitet werden. Die jungen, knackigen Blätter lassen sich als Salat verzehren, zu Suppe verkochen oder zu Pesto verarbeiten (siehe Grundrezept »Pesto« auf Seite 182).

Schoko-Kirschkuchen
vom Blech

Kirschen direkt vom Baum naschen, zu Ohrringen umfunktionieren und ein Kirschkern-Weitspucken veranstalten – so habe ich die Kirschenzeit aus meiner Kindheit in Erinnerung. Die ersten Frühkirschen am Baum verarbeite ich heutzutage für meine Liebsten zu einem Schoko-Kirschkuchen vom Blech.

ZUTATEN
60 MINUTEN

3 Eier
165 g glattes Dinkelmehl
140 g brauner Zucker
100 ml Buttermilch
80 g Butter
Prise Salz
2 TL Backpulver
50 ml Wasser
2 TL Kakaopulver
Abrieb einer ½ Zitrone (unbehandelt)
1 TL Vanilleextrakt
50 g Kirschen

ZUBEREITUNG

Die Eier mit Butter, Buttermilch, Vanilleextrakt und Zucker schaumig rühren.

In einem Becher Kakaopulver in 50 ml heißem Wasser auflösen. Mit Salz, Backpulver, Mehl, Zitronenabrieb und dem restlichen Teig verrühren und in eine mit Backpapier ausgelegte Ofenform gießen.

Kirschen waschen, entsteinen und auf dem Kuchenteig verteilen.

Im vorgeheizten Backofen bei 180 °C Umluft für ca. 25 Minuten backen. Anschließend überkühlen lassen, in quadratische Stücke schneiden und mit Staubzucker bestreuen.

Bärlauch-Schnecken

Eine einfache Snackidee, die nicht nur auf Partys eine gute Figur macht, sondern sich auch perfekt für ein Picknick, am Spielplatz oder in der Jausenbox der Kinder eignet.

ZUTATEN FÜR 3-4 PERSONEN
2 STUNDEN

FÜR DEN TEIG
470 g glattes Mehl
1 Pkg Trockenhefe
1 TL Salz
1 EL Honig
230 ml lauwarmes Wasser
50 ml Olivenöl und 1 EL zum Einreiben
Mehl für die Arbeitsfläche

FÜR DIE FÜLLUNG
3 EL Sauerrahm
1-2 EL Bärlauchpesto (siehe Grundrezept »Pesto« auf Seite 182)
50 g geriebener Bergkäse

ZUBEREITUNG

Die Trockenhefe in Honig und lauwarmem Wasser auflösen und zugedeckt für 10 Minuten ruhen lassen. Danach Mehl, Salz und Olivenöl hinzugeben und zu einem glatten Teig verkneten. Bei mir erledigt das innerhalb von 5 Minuten die Küchenmaschine, es geht aber natürlich auch von Hand. Anschließend mit etwas Olivenöl einreiben und zugedeckt 1 Stunde lang rasten lassen. Der Teig verdoppelt in dieser Zeit sein Volumen.

In der Zwischenzeit die Füllung vorbereiten: Bärlauchpesto nach dem Grundrezept pürieren und mit Sauerrahm sowie geriebenem Bergkäse in einer Schüssel verrühren.

Den Teig auf einer bemehlten Arbeitsfläche zu einem Rechteck ausrollen, ca. so groß wie ein Backblech. Großzügig mit der Füllung bestreichen und dann der Breite nach eng zu einer Rolle formen. Mit einem scharfen Messer daumendicke Stücke abschneiden und diese auf ein mit Backpapier ausgelegtes Blech legen. Achtung: Nicht zu eng platzieren, denn die Schnecken gehen beim Backen auf!

Die Bärlauch-Schnecken noch mit etwas Milch bestreichen und im vorgeheizten Backofen bei 200 °C Umluft für 15-20 Minuten backen, bis sie eine schöne Farbe bekommen.

Veilchensirup

Das Veilchen ist eines der ersten Blümchen, das im Frühling die Wiesen bunter macht. Es eignet sich nicht nur grandios als Bienenfutter, sondern kann auch in der Küche raffiniert verarbeitet werden.

ZUTATEN
2 TAGE

3 Handvoll Veilchenblüten
Saft einer Zitrone
4 EL Zucker

ZUBEREITUNG

Die Blüten vorsichtig unter fließendem Wasser abspülen und in ein großes, steriles Glas mit mindestens 1 Liter Fassungsvermögen füllen.

In einem Topf in 1 Liter Wasser 4 EL Zucker und den Zitronensaft auflösen und zum Kochen bringen. Auf mittlerer Stufe 5-10 Minuten leicht köcheln lassen und anschließend über die Veilchen gießen.

Bei Raumtemperatur 48 Stunden ziehen lassen. Täglich mehrmals umrühren, damit sich kein Schimmel bilden kann. Nach Ablauf der 48 Stunden Ruhezeit abgießen und in sterile Flaschen füllen.

Tipp

Achte beim Pflücken darauf, nicht zu viel abzuernten und einen Teil für die Bienen zurück zu lassen – nimm immer nur so viel wie du tatsächlich benötigst. Und pflücke an den Stellen, die nicht von Hunden und Katzen als Toilette benutzt werden.

Mini-Pavlova
mit pinkem Rhabarberkompott

ZUTATEN FÜR 6-8 MINI-PAVLOVAS
2 ½ STUNDEN

FÜR DIE MINI-PAVLOVAS
3 Eiklar
150 g Staubzucker
Prise Salz
2 TL Saft einer Zitrone

FÜR DIE FÜLLUNG
200 ml Schlagobers

FÜR DAS RHABARBERKOMPOTT
2-3 Rhabarberstiele
200 ml Rote-Rüben-Saft

Staubzucker zum Bestreuen

ZUBEREITUNG

Eiklar - sehr sauber getrennt und zimmerwarm - mit einer Prise Salz steif schlagen. Zucker nach und nach zugeben und die Masse immer weiter schlagen, bis sie schnittfest ist. Zum Schluss den Zitronensaft vorsichtig unterziehen.

In einen Dressiersack mit Tülle füllen und auf einem mit Backpapier ausgelegten Backblech kleine Nester aufdressieren. Im vorgeheizten Backofen bei 120 °C Umluft für 60 Minuten trocknen lassen, danach ausschalten und für eine weitere Stunde im Ofen belassen. Die Mini-Pavlovas sollten kross, aber nicht zu sehr gebräunt sein.

PINKES RHABARBERKOMPOTT

Damit der Rhabarber pink wird, gibt es einfachen Trick. Anstatt das Kompott in Wasser einzukochen, wird der Rhabarber in Rote-Rüben-Saft gegart. So nimmt er zum einen die Farbe auf und wird kräftig pink, zum anderen bekommt er dadurch einen herrlich süßen Geschmack und muss nicht zusätzlich mit Zucker eingekocht werden.

Rhabarberstiele schälen und in 3 cm kleine Rauten schneiden. Diese in einem Topf mit Rote-Rüben-Saft bedecken und auf mittlerer Stufe weichkochen. Anschließend überkühlen lassen.

Die ausgekühlten Pavlovas auf einer Platte anrichten. Schlagobers steif schlagen und in die kleinen Nester füllen, sodass oben ein Häubchen entsteht. Auf dem Schlagobers einige Löffel vom pinken Kompott verteilen und zum Schluss mit etwas Staubzucker bestreuen.

Löwenzahn-Honig

Jeden Frühling warte ich schon sehnsüchtig auf die gelben Köpfchen, die sich Richtung Sonne strecken. Löwenzahn verarbeitet zu Wiesenhonig ist mein liebster Allrounder in der Küche. Er schmeckt nicht nur als Brotaufstrich wunderbar, sondern kann auch zum Kochen und Backen, statt Bienenhonig oder Reissirup, eingesetzt werden. Ich nehme mir nur kleine Mengen und lasse den Rest der Köpfe stehen. Die Bienen sind nach dem kalten Winter nämlich besonders hungrig und benötigen dringend Futter.

ZUTATEN
2 TAGE

3-4 Handvoll Löwenzahnblüten
1 kg brauner Zucker
2 Zitronen
1 Orange
1 Liter Wasser

ZUBEREITUNG

Die Löwenzahnblüten möglichst bei Sonnenschein pflücken, wenn die Köpfe offen sind, also am besten um die Mittagszeit. Zu Hause gründlich waschen und vom restlichen Grün befreien.

In einen Topf geben und mit 1 Liter Wasser aufgießen. Die Zitronen und die Orange in Scheiben schneiden und hinzugeben. Die Mischung sollte nun für 2 Stunden ziehen. Danach lässt man sie kurz aufkochen und anschließend noch mal ziehen.

Ist sie abgekühlt, kommt der Topf für 24 Stunden in den Kühlschrank. Zwischendurch immer mal wieder umrühren. Nach 24 Stunden abseihen und durch ein Leinentuch pressen, sollte kein feines Sieb vorhanden sein.

Die Flüssigkeit nun unter Zugabe von 1 kg Zucker langsam und gemächlich einkochen, bis die Zuckermischung zähflüssig ist und die typisch dunkle Farbe von Honig angenommen hat - bei mir dauert der Vorgang insgesamt ca. 4 Stunden bei mittlerer Hitzestufe.

Solange der Löwenzahn-Honig heiß ist, in verschraubbare Gläser abfüllen und erkalten lassen.

LÖWENZAHN
HONIG

Radieschen-Tzatziki

Wenn es sommerlich warm ist, braucht es keine schweren Gerichte, sondern Salate und erfrischende Speisen, um nicht vollkommen übersättigt zu sein. Ein herrliches Tzatziki mit Joghurt und Radieschen ist dagenau das Richtige - es schmeckt fantastisch als Beilage zu Gegrilltem, eignet sich aber genauso gut als kleine Mahlzeit mit frischem Brot oder Naan (siehe »Zucchini-Naan-Brot mit Mohn« auf Seite 78).

ZUTATEN
15 MINUTEN

3-4 Radieschen
samt Blättern
4 EL Naturjoghurt
2 EL Sauerrahm
1 EL Saft einer Zitrone
Abrieb einer ½ Zitrone
(unbehandelt)
Salz zum Abschmecken

ZUBEREITUNG

Radieschen von den Blättern befreien und waschen. Die Hälfte der Blätter ebenfalls waschen - die restlichen für den nächsten Salat im Kühlschrank aufbewahren.

Radieschen fein hobeln oder in Stifte schneiden und mit Joghurt, Sauerrahm sowie Zitronensaft in einer Schüssel vermengen. Abrieb der Zitrone und fein gehackte Radieschenblätter hinzugeben und am Ende mit Salz abschmecken.

Hard Fact

Radieschen können vom Frühjahr bis in den Spätherbst angebaut werden und wachsen in Windeseile. Ideal also für eine kleine Terrasse oder einen Balkon, bei Platzmangel eignen sich auch Balkonkästen und Tröge.

Spinat-Frischkäse-Taschen
auf buntem Gartensalatbett

ZUTATEN FÜR 3-4 PERSONEN
1 STUNDE

FÜR DIE TEIGTASCHEN
200 g glattes Dinkelmehl
50 g Reismehl
150 ml heißes Wasser
½ TL Salz
Mehl für die Arbeitsfläche

FÜR DIE FÜLLUNG
3 Handvoll Blattspinat
1 Frühlingszwiebel
120 g Frischkäse
1 EL Olivenöl zum Braten
½ Zitrone
Kräuter und Salz zum Abschmecken

FÜR DEN SALAT
Blut- und/oder Sauerampfer
Löwenzahnblätter oder Rucola
Blüten von Ringelblumen und Borretsch
1 TL Honig
1 TL Senf
2 EL Apfelessig

ZUBEREITUNG

Dinkel-, Reismehl und Salz miteinander versieben und das heiße Wasser nach und nach hinzugeben. Mit einer Gabel vermengen und zu einem glatten Teig verkneten. Zu einer Kugel formen, abdecken und für ca. 20 Minuten im Kühlschrank ruhen lassen.

In der Zwischenzeit die Füllung vorbereiten. Blattspinat waschen und abtropfen lassen. Die Frühlingszwiebel samt Strunk in feine Ringe schneiden. In einer beschichteten Pfanne etwas Olivenöl erhitzen, die Zwiebel darin glasig anschwitzen und den Spinat zugeben. Öfters umrühren, bis der Spinat komplett zusammengefallen ist. Danach den Frischkäse beifügen und mit Salz und Kräutern abschmecken. Die Füllung in eine Schüssel umfüllen und abkühlen lassen.

Auf einer bemehlten Arbeitsfläche den Teig für die Spinattaschen nochmals durchkneten und dünn ausrollen. Mit einem Glas oder großen runden Ausstecher Kreise ausstechen und in der Mitte teelöffelweise mit Spinatfüllung belegen. Die Ränder mit Wasser bestreichen und umklappen, sodass ein Halbkreis entsteht. Mit einer Gabel fest andrücken, um sie gut zu verschließen.

Einen großen Topf mit Wasser befüllen, salzen und zum Kochen bringen. Die Teigtaschen vorsichtig mit einer Schaumkelle einlegen und auf mittlerer Stufe leicht wallend kochen, bis sie an die Oberfläche aufsteigen. Es dauert 10-15 Minuten, bis sie gar sind. Anschließend mit der Schaumkelle aus dem Wasser heben und abtropfen lassen. In einer beschichteten Pfanne Butter abschmelzen lassen und die Teigtaschen kurz darin schwenken.

Für das Gartensalatbett die Salate gut waschen und auf einem Teller anrichten. 2-3 Teigtaschen darauf verteilen. Die Zutaten für die Marinade in einem Becher mischen und über Salat und Taschen träufeln. Den Teller zum Schluss mit essbaren Blüten und Zitronenzeste garnieren.

Holunderblüten-Torte

Holunderblüten eignen sich nicht nur wunderbar für Sirup, sie lassen sich auch dekorativ auf Kuchen und Torten anrichten.

ZUTATEN FÜR EINE 23 CM SPRINGFORM
1 STUNDE

FÜR DEN TEIG
220 g glattes Mehl
50 g Butter
3 Eier
3 EL Holundersirup
80 g Zucker
5 EL Naturjoghurt
2 TL Backpulver
Saft einer ½ Zitrone
1 Handvoll Hollerblüten und essbare Blüten als Deko

FÜR DIE CREME
150 g Mascarpone
150 g Frischkäse
50 g Zucker
Saft einer Zitrone

ZUBEREITUNG

Butter, Zucker und Eier schaumig rühren. Alle Zutaten, bis auf die Hollerblüten, zugeben und ordentlich verrühren. Eine Springform mit Butter ausstreichen und mit Mehl bestäuben. Den Teig einfüllen und im vorgeheizten Backofen bei 180 °C Umluft für 20 Minuten backen.

Für die Creme alle Zutaten miteinander verrühren und kaltstellen. Die überführte Torte in 3 gleich große Teile schneiden und die einzelnen Böden mit Creme bestreichen. Die Tortenstücke wieder aufeinanderlegen und die restliche Creme auf der Torte und rundum verteilen. Mit Hollerblüten und essbaren Blüten dekorieren.

Sommer

Es ist die Leichtigkeit des Sommers, wenn alles in voller Blüte steht und wir bei der Zubereitung einfacher Gerichte aus dem Vollen schöpfen können.

Sommerliche Palatschinken
mit Marillenmarmelade

In meinem Garten wird der Sommer mit der Ernte der Marillen eingeläutet. Die Bäume sind schon alt und tragen jedes Jahr mehrere Kilo der süßen Frucht. Das bedeutet für mich dann auch, zügig zu arbeiten, denn sobald die Marillen vom Baum gepflückt sind, drängt die Zeit. Die Haltbarkeit von Früchten ist bei Bäumen, die nicht gespritzt werden, sondern vollkommen BIO und unbehandelt sind, nämlich beschränkt. Deswegen konserviere ich meine Marillen zu allerlei Köstlichkeiten – natürlich auch zu Marmelade, die in klassischen Palatschinken einfach großartig schmeckt.

ZUTATEN
30 MINUTEN

2 Eier
200 ml Milch oder Pflanzendrink
120 g glattes Weizenmehl
Prise Salz
Sonnenblumenöl für die Pfanne

Marillenmarmelade zum Befüllen
Staubzucker zum Bestreuen

ZUBEREITUNG

Eier in einer Schüssel aufschlagen und mit Milch, Mehl und Salz zu einem glatten Teig verrühren. 1 TL Sonnenblumenöl in einer beschichteten Pfanne erhitzen, einen Schöpflöffel voll Teig in die Pfanne geben und durch kippen verteilen. Von beiden Seiten her goldgelb backen, anschließend mit Marmelade füllen und Zucker darüber streuen.

Tipp

Übrig gebliebene Palatschinken einrollen, in feine Streifen schneiden und im Tiefkühler als Frittaten-Einlage für die nächste Gemüsesuppe aufbewahren.

Marillen-Senf

Selbstgemachter, süßer Senf aus Marillen - nicht nur aromatisch und geschmacklich himmlisch, sondern auch eine tolle Möglichkeit, um Marillen einmal anders zu verarbeiten. Im Sommer passt der süße Marillen-Senf perfekt zu gegrilltem Fleisch und Gemüse, aber auch im Winter macht er eine gute Figur, z.B. zu einem Braten aus dem Ofen.

ZUTATEN
45 MINUTEN

500 g Marillen
200 g Zucker
1 EL Dijon-Senf
1 TL Senfpulver
2 TL Senfkörner
1 Zitrone
Einsiedehilfe für 500 g

ZUBEREITUNG

Die Marillen waschen, entkernen und vierteln. In einem Topf mit dem Zucker vermischen und aufkochen. Auf mittlerer Stufe leicht köcheln lassen, bis die Marillen weich sind. Öfters umrühren, damit nichts am Boden des Topfes kleben bleibt. Die Marillen anschließend mit einem Pürierstab fein pürieren. Die Zitrone auspressen, mit den restlichen Zutaten zu den Marillen geben und gut vermengen. Nochmals leicht köcheln lassen, bis die Masse fertig ist. Gelierprobe machen, noch heiß in sterile Gläser abfüllen und gut verschließen. Der Marillensenf hält sich ungeöffnet über einige Monate.

SENF

Raspberry Cheesecake
auf Schoko-Keks-Boden

Frische Himbeeren und Schokolade sind für mich ein absolutes Dream-Team und wie füreinander gemacht. Ein Cheesecake ist daher die beste Idee, um beides miteinander zu kombinieren.

ZUTATEN
2 STUNDEN

200 g dunkle Schokolade-Vollkornkekse
80 g Butter
500 g Frischkäse
3 Eier
100 g Zucker
Saft aus 2 Limetten
Saft einer Zitrone
Prise Salz
150 g frische Himbeeren

ZUBEREITUNG

Die Vollkornkekse in einem Gefriersack mit einem Nudelholz zerkleinern oder in einem Blender zu einem groben Brei zerhexeln. Butter bei mittlerer Hitze schmelzen, über die Kekse gießen und gut vermischen. In eine Ofenform geben und fest andrücken. Anschließend für 1 Stunde kaltstellen.

In der Zwischenzeit die Cheesecake-Masse herstellen. Frischkäse mit Zucker, Zitronensaft und den Limetten in einer Küchenmaschine für mindestens 5 Minuten schaumig schlagen. Die Eier nach und nach zugeben, die Maschine dabei immer weiter schlagen lassen.

Die fertige Masse auf den Keksboden gießen. Die Himbeeren waschen, in einer Schüssel mit einem Pürierstab zu einer feinen Masse zerkleinern und mit einem Löffel kleine Kleckse auf dem Cheesecake verteilen. Mit einem Holzstäbchen oder dem Löffelstiel die Kleckse so zerfließen lassen, dass sich die Himbeeren schön verteilen.

Im vorgeheizten Backofen bei 200 °C Umluft ca. 40 Minuten lang backen. Die Masse sollte noch leicht wabbelig sein, wenn man den Kuchen aus dem Ofen holt.

Tipp

Am besten schmeckt der Raspberry Cheesecake übrigens am nächsten Tag, deswegen sollte man ihn schon früh genug zubereiten.

Erbsenhummus

ZUTATEN
30 MINUTEN

50 g frische Erbsen
200 g Kichererbsen aus der Dose
100 ml Wasser zum Kochen
2 TL Tahini
4 EL Olivenöl
Saft einer ½ Zitrone
Salz und Kreuzkümmel zum Abschmecken

ZUBEREITUNG

Die frisch gepflückten Erbsen gut waschen, in einen Topf geben, mit 100 ml Wasser bedecken und aufkochen lassen. Auf mittlerer Stufe weich kochen, abgießen und kurz auskühlen lassen.

Die Erbsen nun mit den restlichen Zutaten zu einem feinen Brei pürieren und abschmecken. Zusammen mit frischem Brot genießen.

Tipp

Hummus ist sehr vielseitig! Mit verschiedensten Zutaten lassen sich immer wieder neue Rezepte kreieren. Er schmeckt großartig zu Karotten, Roten Rüben oder nur mit Kichererbsen. Im Glas verschlossen und kühl aufbewahrt hält er sich für mehrere Tage.

Erdbeer-Mohn-Knödel

Den ganzen Winter über sehnt sich mein Herz nach diesem Rezept: Erdbeerknödel. Mit Mohn und Zucker verfeinert, sind sie der perfekte Sommergenuss.

ZUTATEN FÜR 12 KNÖDEL
1 STUNDE

FÜR DEN TEIG
200 g glattes Weizenmehl
250 g Topfen
Prise Salz
30 g Butter
2 EL Mohn
Mehl für die Arbeitsfläche

150 g frische Erdbeeren

ZUSÄTZLICH FÜR DIE PFANNE
4 EL Semmelbrösel
2 EL Butter
Puderzucker zum Bestreuen

ZUBEREITUNG

Die Zutaten für den Teig verkneten, zu einer Kugel formen und im Kühlschrank für mindestens 15 Minuten kaltstellen.

In der Zwischenzeit die Erdbeeren waschen und vom Grün befreien. Den Teig auf einer bemehlten Arbeitsfläche vorsichtig kneten, zu einer Rolle formen, in gleich große Stücke schneiden und diese flach drücken. Je eine Erdbeere in die Mitte legen, Teig darüber schlagen und zu Kugeln rollen.

In einem großen Topf Wasser zum Kochen bringen. Die Knödel einlegen und bei mittlerer Hitze leicht wallen lassen. Sie sind dann fertig, wenn sie im Topf Purzelbäume schlagen und zu tanzen beginnen.

In einer beschichteten Pfanne Butter schmelzen und die Semmelbrösel darin goldbraun anrösten. Die fertigen Knödel darin wälzen und zum Schluss mit Staubzucker und Mohn bestreuen. Zusammen mit frischen Erdbeeren servieren.

Tipp

Roh aufgelegt auf ein Brett und für ein paar Stunden in den Tiefkühler gestellt, lassen sich Knödel ganz einfach einfrieren. In einer Box oder einem Gefriersack gelagert, lassen sie sich bei Bedarf dann einzeln entnehmen, da sie nicht aneinander kleben. Die Garzeit bei tiefgekühlten Knödeln einfach um 5 Minuten verlängern.

Topfen-Brombeer-Kranz

Simpel und trotzdem traumhaft gut! Meine liebsten Rezepte kommen mit wenigen Zutaten aus und schmecken wie aus Omas Backofen. So wie dieser Topfenkranz: Ein Hefegebäck, flaumig und süß, gefüllt mit selbstgemachtem Brombeergelee.

ZUTATEN
CA. 2 STUNDEN

FÜR DEN KRANZ
430 g glattes Dinkelmehl
250 ml lauwarme Milch
3 EL brauner Zucker
Prise Salz
50 g Butter
1 TL Honig
1 Pkg Trockenhefe (oder ½ Würfel frischer Germ)
Hagelzucker zum Bestreuen
Milch zum Bestreichen

FÜR DIE FÜLLUNG
120 g Topfen
120 g Frischkäse
2 EL brauner Zucker
4–5 EL Brombeergelee (siehe »Brombeergelee« auf Seite 166)

ZUBEREITUNG

Honig mit Trockenhefe vermischen und mit lauwarmer Mich verrühren. Zugedeckt für 10 Minuten ruhen lassen.

In der Zwischenzeit die Butter erhitzen und schmelzen lassen. Mehl, Zucker, Salz und Butter zum Hefe-Milch-Gemisch geben und zu einem glatten Teig verkneten. An einem warmen Ort zugedeckt mindestens 1 Stunde lang rasten lassen. Danach noch einmal gut durchkneten und zu einem Rechteck in Backblechgröße ausrollen.

Die Zutaten für die Füllung in einer Schüssel vermengen, den gesamten Teig damit bestreichen und anschließend eng einrollen. Die »Naht« soll am Ende nach unten zeigen. Die Rolle der Länge nach durchschneiden, die beiden Stücke eng ineinander verdrehen und zu einem Kreis verschließen.

Eine Tarte- oder Tortenform mit Backpapier auslegen und den Topfenkranz hineinlegen. Mit etwas Milch bestreichen und mit Hagelzucker bestreuen. Im vorgeheizten Backofen bei 180 °C Umluft für ca. 20 Minuten backen. Nach dem Auskühlen mit Puderzucker bestreuen.

Hollerkapern

Kapern selber machen geht ganz einfach und schnell: Dafür braucht es nicht mehr als die grünen Beeren des Holunder. Noch bevor sie schön lila und reif sind, lassen sie sich bereits nützlich verarbeiten. Kapern runden so manches Gericht ganz wunderbar ab und zählen zu den absoluten Allroundern in der Küche.

ZUTATEN
30 MINUTEN

100 ml Essig zum Einlegen
200 ml Wasser
Prise Salz
2 EL brauner Zucker
Hollerbeeren (grün und unreif)

ZUBEREITUNG

Die noch grünen Hollerbeeren waschen und von den Stielen abrebeln. In sterile Gläser füllen und anschließend den Essigsud herstellen. Dafür Essig mit Zucker und Salz vermischen und aufkochen lassen. Auf mittlerer Stufe für 10 Minuten köcheln lassen und dann über die Hollerbeeren gießen, bis sie vollständig bedeckt sind. Als oberste Schicht einen Löffel Olivenöl darüber verteilen.

Tipp

Die Hollerbeeren-Kapern halten sich dunkel und gekühlt gelagert für mehrere Monate.

KAPERN

Zucchini-Waffeln

Das Leben schreibt die einfachsten Rezepte! Als es wieder einmal schnell gehen musste und die hungrige Meute schon sehnsüchtig auf das Mittagessen wartete, sind in Windeseile diese herzhaften Waffeln mit frisch gepflückten Zucchini aus dem Gemüsegarten entstanden.

ZUTATEN FÜR 3-4 PERSONEN
20 MINUTEN

FÜR DIE WAFFELN
50 g Zucchini
200 g glattes Dinkelmehl
220 ml Buttermilch
80 g Feta
einige Brokkoliröschen
1 TL Salz
2 TL Backpulver

FÜR DEN DIP
1 EL Sauerrahm
3 EL Naturjoghurt
1 TL Senf
1 TL Honig

ZUBEREITUNG

Zucchini waschen, fein reiben und gut ausdrücken. Brokkoli waschen, in Röschen schneiden und in kochendem Salzwasser blanchieren. Anschließend gut abtropfen lassen.

Buttermilch, Zucchini und Mehl verrühren, dann das Backpulver unterheben. Feta zerbröseln und unter die Masse heben.

Waffeleisen einfetten und heiß werden lassen. Teigkleckse auf dem Waffeleisen verteilen und die Brokkoliröschen darauf legen. Die Waffeln ausbacken, bis sie goldbraun sind.

Für den Dip alle Zutaten dafür in einer Schüssel verrühren und zu den Waffeln servieren.

Tipp

Die Waffeln schmecken auch kalt sehr gut und sind ideal zum Mitnehmen ins Büro, beim Picknick oder für die Jausenbox.

French Toast Bowl
mit frischen Früchten

Resteverwertung Deluxe und zudem voller Vitamine. Ein Rezept, das besonders im Sommer wunderbar zu variieren ist, wenn wir die Beeren am liebsten direkt von den Sträuchern pflücken und vernaschen wollen. Ob morgens, mittags oder abends: Die French Toast Bowl eignet sich für jede Tageszeit.

ZUTATEN
20 MINUTEN

einige Scheiben altbackenes Brot oder auch Striezel, Milchbrötchen, Brioche
1 Ei
200 ml Milch
Prise Salz
1 EL Butter oder Öl für die Pfanne
Staubzucker zum Bestreuen
frische Früchte und Beeren zum Garnieren

ZUBEREITUNG

Milch, Ei und Salz in einer Schüssel miteinander vermischen. Das Brot in zentimeterdicke Scheiben schneiden und für 2 Minuten in die Ei-Milch-Mischung legen. Je nach Härte des Brotes, die Scheiben kürzer oder länger in der Mischung ziehen lassen.

Etwas Öl oder Butter in einer beschichteten Pfanne erhitzen und die Brotstücke beidseitig darin backen, am besten auf mittlerer Stufe. In einer Schüssel mit frischen Früchten anrichten und mit Staubzucker bestreut servieren.

Caprese-Tarte

Eine italienische Capreseplatte kennt jeder, Mozzarella und frische Tomaten sind einfach ein eingespieltes Duo. Aber auch gebacken, als warme Sommertarte aus dem Ofen, passt diese Köstlichkeit ganz wunderbar auf eine sommerliche Tafel.

ZUTATEN
CA. 45 MINUTEN

FÜR DEN TEIG
180 g Topfen
160 g Butter
180 g glattes Weizenmehl
½ TL Salz
Mehl für die Arbeitsfläche

FÜR DEN BELAG
5-6 mittelgroße Tomaten
2-3 Pkg Mozzarella
ein paar Löffel Basilikum-Pesto
frisches Basilikum zur Dekoration

ZUBEREITUNG

Die Zutaten für den Teig rasch in einer Schüssel vermengen und gut verkneten. Zu einer Kugel formen und im Kühlschrank für 10 Minuten rasten lassen. Der Teig lässt sich gekühlt einfacher verarbeiten.

Nach der Ruhezeit auf einer bemehlten Arbeitsfläche ausrollen. Eine Auflaufform mit Backpapier auslegen, den Teig hineinlegen und bis über die Ränder nach oben ziehen.

Tomaten waschen und mit dem Mozzarella in dickere Scheiben schneiden. Den Tarteboden damit abwechselnd auslegen und die Ränder am Ende darüber schlagen. Im vorgeheizten Backofen bei 200 °C Umluft für 20 Minuten backen. Das Basilikum-Pesto auf der fertigen Caprese-Tarte verteilen und mit frischem Basilikum dekorieren.

Tipp

Der rohe Teig lässt sich, zu einer Rolle geformt, im Tiefkühler auf Vorrat einfrieren.

Serviettenknödel aus altem Brot
mit Zucchini-Tomaten-Ragout

Zucchini und Tomaten funktionieren als Team ganz wunderbar und lassen sich einfach zu einem Ragout verkochen, das hervorragend zu Serviettenknödeln passt.

ZUTATEN FÜR 3-4 PERSONEN
40 MINUTEN

FÜR DIE KNÖDEL
380 g altbackene Brötchen und / oder Semmeln
3 Eier
35 g Butter
200 ml Milch
1 Zwiebel
etwas Salz
1 TL gehackte Petersilie
2-3 EL Mehl

FÜR DAS RAGOUT
500 g Tomaten
1 roter oder gelber Paprika
½ Zucchini
einige Oliven
3 Knoblauchzehen
1 mittelgroße Zwiebel
2 EL Olivenöl für die Pfanne
Salz zum Abschmecken
50 ml Wasser zum Ablöschen

ZUBEREITUNG

Für die Serviettenknödel Eier, Milch und Salz in einem Glas verquirlen. Zwiebel fein würfeln und in einer beschichteten Pfanne mit Butter anschwitzen lassen. In einer großen Schüssel Brotwürfel und die Zwiebel-Buttermasse mit der Ei-Milch-Mischung gut vermengen.

Auf einem Geschirrtuch (funktioniert auch mit einer großen Serviette) die Masse mittig verteilen und zu einer Rolle formen. Die Rolle im Tuch komplett einwickeln und die Enden mit einer Schnur verknoten.

In einem großen Topf Wasser zum Kochen bringen, die Knödelrolle einlegen und auf mittlerer Stufe leicht wallend für ca. 20 Minuten gar köcheln lassen.

In der Zwischenzeit das Ragout zubereiten. Zwiebel und Knoblauch fein hacken und in einer beschichteten Pfanne in Öl anbraten. Paprika und Zucchini waschen, fein schneiden und dazu geben. Tomaten waschen, vierteln und ebenfalls hinzugeben. Mit 50 ml Wasser ablöschen und auf mittlerer Stufe einreduzieren lassen. Öfters umrühren. 5 Minuten vor Ende der Garzeit die Oliven in feine Ringe schneiden und ebenso zugeben. Mit Salz und etwas Petersilie abschmecken.

Serviettenknödel in feine Scheiben schneiden und mit dem Ragout servieren.

Sommerlicher Brotsalat

für 2 Personen

Sommerliche Salate lassen sich nicht nur schnell zubereiten und sind bei heißen Temperaturen eine geschmackliche Wohltat, nein, sie bieten auch eine tolle Möglichkeit, um viel frisches Gemüse knackig auf den Teller zu bringen.

ZUTATEN

15 MINUTEN

10 Cocktailtomaten
1 Handvoll Vogerlsalat
4 Radieschen samt Blättern
1 kleine rote Zwiebel
einige Scheiben altbackenes Brot
2 EL Olivenöl für den Salat
1 EL Öl für die Pfanne
Kräuter nach Wahl
2 EL Pesto (siehe »Pesto« auf Seite 182)
2 Pkg Mini Mozzarella
2–3 Mini Gurken
Saft einer ½ Zitrone
Balsamicocreme

ZUBEREITUNG

Salat gut waschen und klein zupfen. Tomaten waschen und mit dem Mozzarella halbieren. Gurken und Radieschen waschen und klein schneiden. Radieschenblätter ebenfalls klein zupfen und dem Salat zugeben.

Brot in kleine Würfel schneiden und in einer Pfanne mit etwas Olivenöl anrösten. Zusammen mit Pesto und frischen Kräutern über dem Salat verteilen. Den Brotsalat mit Zitronensaft sowie Olivenöl marinieren und abschmecken. Mit Balsamicocreme garnieren und anrichten.

Tipp

Salate lassen sich ganz schnell und einfach vorbereiten und portionsweise in Gläser füllen, eignen sich also perfekt für einen Besuch im Freibad.

Topfen-Grieß-Auflauf

Der Sommer schmeckt für mich nach frischen Früchten und duftet nach wilden Blumenwiesen. Genau diesen Geschmack hole ich mir mit meinem Grießauflauf auf den Teller. Ein wahrer Sommergenuss, der nach Lust und Laune mit Früchten variiert werden kann.

ZUTATEN
CA. 40 MINUTEN

250 g Topfen
250 g Sauerrahm
50 g Grieß
40 g brauner Zucker
Prise Salz
3 Eier
Abrieb einer Zitrone (unbehandelt)
2 EL Rosinen
Butter für die Form
Staubzucker zum Bestäuben
Heidelbeeren und Marillen als Belag
50 g Naturjoghurt

ZUBEREITUNG

Die Eier trennen. Eidotter mit Zucker und einer Prise Salz schaumig rühren. Topfen, Grieß und Sauerrahm unterheben. Eiweiß zu Eischnee schlagen und mit Rosinen und dem Abrieb einer halben Zitrone vorsichtig unter die Masse heben.

Eine Ofenform mit Butter bestreichen und die Auflaufmasse hineingießen. Im vorgeheizten Backofen bei 180 °C Umluft für 15-20 Minuten backen, bis der Topfenauflauf schön goldgelb ist.

Aus dem Ofen nehmen und kurz überkühlen lassen. Mit Joghurt und frischen Früchten garnieren, mit etwas Puderzucker bestäuben und anrichten.

Paprika-Melanzani-Sugo

Melanzani wachsen bei mir im Gemüsegarten ausgezeichnet, weil sie nur wenig Fläche verbrauchen. Weich gegarte Melanzani aus dem Ofen bilden übrigens die ideale Basis für ein cremiges Sugo.

ZUTATEN FÜR EIN MITTELGROSSES GLAS
30 MINUTEN

2 mittelgroße rote oder gelbe Paprika
1 mittelgroße Melanzani
1 mittelgroße Zwiebel
2 Knoblauchzehen
4–5 große Tomaten
1 EL Tomatenmark
1 TL Worcester Sauce
Salz zum Abschmecken
Olivenöl
1 TL Honig

Pasta nach Wahl

ZUBEREITUNG

Melanzani waschen, mit einer Gabel einstechen, auf ein mit Backpapier ausgelegtes Backblech legen und mit etwas Olivenöl beträufeln. Im vorgeheizten Backofen bei 200 °C Umluft für ca. 15 Minuten weich garen.

In der Zwischenzeit die Basis für das Sugo vorbereiten. Die Zwiebel fein würfeln und mit 2 geschälten Knoblauchzehen in einem Topf in Olivenöl anbraten. Tomatenmark und Worcester Sauce zugeben. Tomaten waschen, vierteln und ebenfalls hinzugeben. Paprika waschen, in feine Streifen schneiden und mit anbraten. Anschließend auf mittlerer Stufe leicht köcheln lassen. Im Normalfall geben die Tomaten genügend Wasser ab, deswegen kann auf eine Zugabe von Wasser durchaus verzichtet werden.

Ist die Melanzani weich, kann sie geschält und ebenfalls mit in den Topf gegeben werden. Das Sugo mit einem Mixstab oder im Blender pürieren und mit Honig und Salz abschmecken. Zusammen mit Nudeln und frischem Parmesan servieren.

Tipp

Sugo kann auch für den Winter haltbar gemacht werden. Wie das genau funktioniert, erkläre ich im Rezept für Birnenmus (siehe »Birnenmus einkochen« auf Seite 168).

Kirsch-Galette

Eine einfache Galette mit Kirschen zaubert in Windeseile einen wunderbar süßen Geschmack des aufkommenden Sommers auf den Teller.

ZUTATEN
40 MINUTEN

250-300 g Kirschen
1 Ei
250 g Dinkelmehl
125 g Butter
2 EL brauner Zucker
Prise Salz
Milch zum Bestreichen
Hagelzucker und Haferflocken zum Bestreuen

Mehl für die Arbeitsfläche

ZUBEREITUNG

Die Zutaten für den Teig rasch zu einer glatten Masse verkneten, in Folie einwickeln und im Kühlschrank für mindestens 15 Minuten ruhen lassen.

Auf einer bemehlten Arbeitsfläche kreisrund ausrollen und dicht mit Kirschen belegen (die Ränder ca. 5 cm breit aussparen). Mit Zimtzucker bestreuen und die Ränder über die Kirschen schlagen. Anschließend im vorgeheizten Backofen bei 180 °C Umluft für ca. 15 Minuten knusprig backen.

Die fertige Kirsch-Galette mit einem Klecks Vanilleeis oder Schlagobers servieren.

Tipp

Kirschen im Sommer tiefkühlen, so ist ein winterliches Galette-Erlebnis garantiert!

Der Garten ist Urlaub
für die Seele

Zucchini-Naan-Brot
mit Mohn

Naan ist für mich die einfachste Variante, um Brot zu backen und die lästige Wartezeit dabei zu vermeiden. Die asiatische Spezialität wird eigentlich in der Pfanne gebacken. Ich aber habe mit diesem Rezept die Fladenbrote etwas abgeändert – durch geriebene Zucchini werden sie besonders weich und saftig. Zubereitet werden sie ganz untypisch im Backofen.

ZUTATEN FÜR 8 FLADEN
20 MINUTEN

220 g glattes Weizenmehl
100 g Naturjoghurt
2 TL Backpulver
1 TL Honig
1 TL Salz
50 g Zucchini
Olivenöl zum Bestreichen
Graumohn zum Bestreuen

Mehl für die Arbeitsfläche

ZUBEREITUNG

Zucchini waschen und ungeschält mit einer Küchenreibe fein reiben. Mit Mehl, Joghurt, Backpulver, Salz und Zucker in einer Küchenmaschine zu einem glatten Teig verkneten. Alternativ lässt sich der Teig für die Naan-Brote auch mit der Hand durchkneten.

Den Teig auf einer bemehlten Arbeitsfläche zu einer Rolle formen und in 8 gleich große Stücke teilen. Diese auf der Arbeitsplatte zu Kugeln schleifen und mit einem Nudelholz zu dünnen Fladen ausrollen. Je dünner der Teig, desto knuspriger werden die Fladenbrote.

Auf einem mit Backpapier ausgelegtem Backblech verteilen und an der Oberseite mit Olivenöl bestreichen. Zum Schluss mit Graumohn bestreuen. Im vorgeheizten Backofen bei 180 °C Umluft für 8-10 Minuten backen lassen.

Tipp

In ein angefeuchtetes Tuch eingeschlagen bleiben die frisch gebackenen Naan-Brote weich und schmecken auch noch am nächsten Tag wunderbar.

Erdbeer-Topfen-Torte

Die Feste feiern, wie sie fallen! Sommerfeste im Garten bedeuten nicht nur geselliges Beisammensein, es sind auch besondere Tage, an denen in lauen Nächten bis spät abends gefeiert wird. Was niemals fehlen darf, ist ein guter Kuchen, der bei jedem für ein warmes Herz und eine glückliche Seele sorgt.

ZUTATEN FÜR EINE 23 CM SPRINGFORM
1 STUNDE

FÜR DEN TEIG
4 Eier
250 g Zucker
260 g glattes Mehl
100 g Butter
2 TL Backpulver
1 Pkg Vanillezucker
100 ml Buttermilch

FÜR DIE CREME
250 g Topfen
50 g Naturjoghurt
30 g Zucker
100 g Frischkäse
Saft einer ½ Zitrone

FÜR DIE DEKO
1 Pkg Biskotten
200 g Erdbeeren
rosa Punschglasur

ZUBEREITUNG

Eier, Zucker, Vanillezucker und eine Prise Salz schaumig schlagen. Das Mehl mit Backpulver mischen und mit der Buttermilch unter die Masse heben. Anschließend in eine ausgefettete und bemehlte Springform gießen und bei 180 °C Umluft für 25-30 Minuten backen. Achtung Nadelprobe!

Den Kuchen überkühlen lassen und in der Zwischenzeit die Creme zubereiten. Alle Zutaten zu einer glatten Masse verrühren. Den Kuchen halbieren und in die Mitte die Creme mit einem Dressiersack kreisrund auftragen. Das Oberteil wieder auf die Torte legen und rundum mit Creme bestreichen.

Punschglasur erwärmen und die Biskotten zu einem Drittel darin eintunken. Auf ein Backpapier legen und trocknen lassen. Danach die Rückseiten mit Creme bestreichen, so »kleben« sie besser auf der Seite der Torte fest.

Die Erdbeeren waschen und halbiert, geviertelt und im Ganzen auf der Torte als Deko verteilen. Zur Zierde abschließend mit einer Schnur oder einem Band umspannen.

Herbst

Aus den Träumen des Sommers wird im Herbst Marmelade gemacht.

Zwetschken-Crumble

In seiner Variation ist Crumble so vielseitig – er schmeckt im Frühling herrlich mit Erdbeeren, im Sommer großartig zu Marillen und im Winter ausgezeichnet mit Birnen und Äpfeln.

ZUTATEN
20 MINUTEN

FÜR DIE STREUSEL
50 g Mehl
100 g Butter
100 g Zucker

400 g Zwetschken
Staubzucker zum Bestreuen

ZUBEREITUNG

Zwetschken waschen, halbieren, entkernen und vierteln. Anschließend in eine gefettete Auflaufform geben.

Alle Zutaten für die Streusel miteinander vermischen und über die Zwetschken streuen. Im vorgeheizten Backofen bei 180 °C Umluft für ca. 15 Minuten backen, bis die Brösel schön goldgelb und knusprig sind. Mit Staubzucker bestreuen und servierfertig anrichten.

Tipp

Crumble schmeckt nicht nur solo ausgezeichnet, sondern eignet sich auch umwerfend gut zu Vanillesauce oder als Topping auf Porridge und Milchreis.

Powidltascherl

Oh, du schöner Herbst! Nicht nur die Apfel- und Birnenernte ist ein wichtiger Programmpunkt zu dieser Jahreszeit, sondern auch die süßen Zwetschken haben endlich Saison. Am allerliebsten nasche ich sie einfach so vom Baum, ein paar wenige landen dann aber doch in meinen Powidltascherln, die im Herbst ein absolutes Muss sind.

ZUTATEN FÜR 3-4 PERSONEN
40 MINUTEN

200 g glattes Weizenmehl
1 Ei
30 g Butter
250 g Topfen
Prise Salz
Powidl zum Füllen

Mehl für die Arbeitsfläche

Puderzucker
4 EL Semmelbrösel
2 EL Butter
2 EL geriebene Walnüsse (optional)

ZUBEREITUNG

Butter schmelzen und mit Ei, Mehl und Topfen zu einem glatten, geschmeidigen Teig verkneten (entweder von Hand oder mit einer Küchenmaschine). Den Teig für ca. 20 Minuten kaltstellen, dann lässt er sich besser ausrollen. Teig nochmals gut durchkneten und auf einer bemehlten Arbeitsfläche ca. 5 mm dick ausrollen. Mit einem Glas Kreise ausstechen. In die Mitte je einen Klecks Powidl geben, zusammenklappen und die Ränder mit einer Gabel fest zusammendrücken.

Powidltascherl in einen Topf mit kochendem Wasser geben und auf mittlerer Stufe leicht wallend ziehen lassen. Nach einiger Zeit schwimmen sie an der Oberfläche und sollten dann noch für ca. 10 Minuten im Wasser bleiben und ziehen. Zwischendurch umrühren.

Für die Butterbrösel den Boden einer beschichteten Pfanne mit Semmelbrösel bedecken und einen Löffel Butter dazu geben. Brösel anrösten lassen und immer wieder umrühren, damit sie nicht anbrennen. Die Powidltascherl aus dem Wasser nehmen und in den Butterbröseln wälzen. Mit Staubzucker bestreuen und servieren.

— *Achtung beim Essen!* —

Die Powidlfüllung ist meistens heiß und flüssig beim Verzehr.

Der Zauber des Herbsts lässt
jedes Blatt zur Blüte werden

Brokkoli-Burger

Ich liebe Burger, egal ob mit Fisch, Fleisch oder veggie. Einfacher als gedacht lassen sich nämlich auch aus pflanzlichen Zutaten großartige Patties zaubern. In meiner Version habe ich dafür Brokkoli und Kichererbsen verarbeitet und so eine gesunde Burgervariante kreiert.

ZUTATEN
35 MINUTEN

FÜR DIE PATTIES

1 Dose Kichererbsen
1 Ei
½ Brokkoli
Saft einer ½ Zitrone
2 EL Semmelbrösel (alternativ: fein gemahlene Haferflocken)
2 EL glattes Mehl
Semmelbrösel zum Panieren
Sonnenblumenöl zum Herausbacken

FÜR DIE FÜLLUNG

frischer Salat
Frischkäse
Honig-Senf-Gurken (siehe »Honig-Senf-Gurken« auf Seite 176)
50 g geriebener Parmesan
1 kleine rote Zwiebel

Dinkel-Weckerl (siehe »Roggen-Dinkel-Weckerl mit Sesam« auf Seite 190)

ZUBEREITUNG

Kichererbsen gut waschen und in einem Sieb abtropfen lassen. Brokkoli waschen, in kleine Röschen schneiden und mit dem Ei zu einer feinen Masse pürieren. Alle Zutaten für die Patties zugeben und zu einem Brei verrühren. Die Masse sollte ein bisschen fester sein, damit sich mit ihr kleine Kugeln formen lassen. Ist die Masse zu klebrig, noch ein wenig Mehl hinzugeben.

Kleine Bällchen formen und in den Semmelbröseln wälzen. In einer beschichteten Pfanne Öl erhitzen, wobei der Boden gut bedeckt sein sollte. Die Bällchen in die Pfanne geben und mit einem Pfannenwender gleichmäßig flach drücken, sodass Patties entstehen. Die Patties bei mittlerer Hitze nach und nach von beiden Seiten her goldgelb ausbacken. Danach auf einen Teller mit Küchenpapier legen und abtropfen lassen.

Für den fertigen Burger die Dinkel-Weckerl halbieren und beide Seiten mit Frischkäse bestreichen. Auf den unteren Teil ein Patty legen und Gurken sowie Salat darauf verteilen. Zum Schluss noch mit Zwiebelringen und Parmesan bestreuen und zuklappen.

Pofesen

Immer wieder passiert es mir, dass Brot über einige Tage liegen bleibt und nicht gegessen wird. Nachdem das Entsorgen von Lebensmitteln keine Option für mich ist, bleibt also nur die Verwertung. Brot hat so viele Facetten, dass sich auch aus altbackenen Stücken noch richtig tolle Leckereien zaubern lassen. So wie Pofesen, die zu meinen absoluten Lieblingsspeisen zählen. Die kleinen Toasts, gefüllt mit Powidl, sind so simpel in der Zubereitung und gleichzeitig eine clevere Idee, um Reste zu verarbeiten. Im Geschmack ganz einzigartig, wecken sie in mir Erinnerungen an den vergangenen Sommer und die letzte Zwetschkenernte.

ZUTATEN
20 MINUTEN

250 ml Milch
2 Eier
Prise Salz
Butter oder Butterschmalz zum Backen
Powidl-Marmelade
Puderzucker
altbackenes Weißbrot oder Semmeln

ZUBEREITUNG

Die Eier in einer Schüssel aufschlagen, mit Milch und Salz verquirlen.

Brot in dünne Scheiben schneiden. Die Hälfte der Scheiben mit Powidl-Marmelade bestreichen und mit einer zweiten Scheibe Brot zusammenkleben. In der Ei-Milch-Mischung wälzen und anschließend in der Pfanne mit einem Esslöffel Butter oder Butterschmalz herausbacken, bis die Pofesen schön goldbraun sind.

Auf einem Stück Küchenpapier abtropfen lassen und mit Puderzucker bestreuen.

Hard Fact

Pofesen, auch Arme Ritter genannt, bestehen aus altbackenen Brötchen oder Weißbrot. Die Erwähnungen dieser einfachen Speise reichen zurück bis ins 13./14. Jahrhundert. Pofesen erfreuen sich auch heute noch großer Beliebtheit und eignen sich perfekt für die Resteverwertung von altbackenem Brot.

Kürbiskekse

Mit Gemüse zu backen, kommt einem im ersten Moment seltsam vor, weil wir es gewohnt sind, Gemüse mit salzigen Gerichten in Verbindung zu bringen. Aber es ist tatsächlich so, dass Gemüse – wenn es noch ungewürzt ist – oft einen süßlichen Geschmack hat. So lassen sich süße Leckereien backen, indem man Zucker und Mehl teilweise durch Gemüse ersetzt.

ZUTATEN
40 MINUTEN

100 g Butternuss-Kürbis (entspricht etwa einem ½ Kürbis)
90 g glattes Weizenmehl
½ TL Natron
½ TL Salz
2 Messerspitzen Zimt
120 g Butter
100 g brauner Zucker
1 Ei
100 g Haferflocken (fein gemahlen)

ZUBEREITUNG

Den Kürbis waschen, mehrfach mit einer Gabel einstechen und im Backofen bei 200 °C Umluft weich garen. Überkühlen lassen und das Fruchtfleisch mit einem Löffel aus dem Kürbis schaben.

Butter, Zucker und Ei schaumig rühren, anschließend die restlichen Zutaten zugeben. Ein Backblech mit Backpapier auslegen, die Teigmasse zu kleinen Kugeln formen und – mit einigem Abstand – darauf platzieren. Dafür eignet sich ein Eisportionierer (funktioniert aber auch mit einem Löffel).

Im vorgeheizten Backofen bei 180 °C Umluft für 9 Minuten backen. Die Kekse sind nach dem Herausnehmen relativ weich und werden erst nach dem Auskühlen fest(er).

Tipp

Die Kekse können nach der Backzeit sehr weich sein: Wer sie gerne knackig und fest haben möchte, lässt sie am besten für 12 Minuten im Ofen.

Pasta
mit Karottengrün-Pesto

Die einfache Küche ist mir am liebsten. Oft sind es die simplen Gerichte, die uns das größte Lächeln ins Gesicht zaubern. So geht es mir auch mit meinem selbstgemachten Pesto vom Grün der Karotten. Schnell, einfach und herrlich im Geschmack mit frischer Pasta!

ZUTATEN FÜR 3-4 PERSONEN
10 MINUTEN

400 g Linguine

FÜR DAS PESTO
Grün von einem Bund Karotten
50 g Sonnenblumenkerne
150 ml Olivenöl
50 g Parmesan
Salz zum Abschmecken

ZUSÄTZLICH
2-3 Knoblauchzehen
2 EL Olivenöl

ZUBEREITUNG

Nudeln in kochendem, gut gesalzenem Wasser bissfest kochen. In der Zwischenzeit alle Zutaten für das Pesto in einem Blender oder mit einem Stabmixer gut pürieren und mit Salz abschmecken.

Knoblauch in feine Stücke hacken und in einer beschichteten Pfanne in etwas Olivenöl anrösten. Die Nudeln aus dem Kochwasser heben und in der Pfanne mit dem Knoblauch schwenken. Zum Anrichten einige Löffel Pesto auf den Nudeln verteilen und mit Sonnenblumenkernen und Parmesan bestreuen.

Jede Jahreszeit
ist der Anfang
eines Wunders

Hollerkoch

Wird im Frühling die Holunderblüte schmackhaft verarbeitet, so kommt im Herbst die dunkle Hollerbeere zum Einsatz, etwa in Gelees oder Marmeladen und natürlich in meinem Hollerkoch, das ausgezeichnet zu Mohnnudeln (siehe »Süße Mohnnudeln aus Omas Küche« auf Seite 122) und Sauerrahm-Schmarren (siehe »Sauerrahm-Schmarren« auf Seite 150) passt.

ZUTATEN
25 MINUTEN

300 g Hollerbeeren
150 g Zwetschken
250 g Äpfel
Saft einer ½ Zitrone
2 EL brauner Zucker

ZUBEREITUNG

Hollerbeeren abrebeln, gut waschen und von den restlichen Stielen befreien. Äpfel waschen, entkernen und fein würfeln. Zwetschken waschen, entsteinen und vierteln. Alles in einen Topf geben und mit Zucker und dem Saft einer halben Zitrone mischen. Auf mittlerer Stufe unter ständigem Rühren langsam zum Köcheln bringen und anschließend einreduzieren lassen. Noch heiß in Gläser abfüllen und gut verschließen.

Um Hollerkoch für einen längeren Zeitraum haltbar zu machen, muss es unbedingt eingekocht werden. Wird es sofort verzehrt, kann es im Kühlschrank gelagert werden und hält sich dort für einige Tage.

Gefüllte Ofentomaten
mit Couscous und Mangold

Tomaten sind echte Allrounder und eignen sich z.B. als Snack für zwischendurch oder als Tomatensauce. Besonders große Exemplare lassen sich aushöhlen, füllen und im Ofen überbacken – eine wunderbare Möglichkeit, um Tomaten auf eine ganz andere Art und Weise zu verarbeiten.

ZUTATEN FÜR 3-4 PERSONEN
45 MINUTEN

6 große Tomaten
150 g Couscous
1 EL Olivenöl
5-6 Mangoldblätter
1 rote Zwiebel
200 g geriebener Bergkäse
Salz zum Abschmecken
1 EL Thymian und Petersilie (frisch)
1 EL Butter für die Form
15 Cocktailtomaten für die Form

ZUBEREITUNG

Couscous in einen Topf füllen und mit 250 ml kochendem Wasser überbrühen. Topf mit einem Deckel verschließen und den Couscous für 10-15 Minuten quellen lassen.

In der Zwischenzeit Zwiebel und Mangold fein schneiden, in einer beschichteten Pfanne mit etwas Olivenöl anbraten und den Couscous zugeben. Die Pfanne vom Herd nehmen und gehackten Thymian, Petersilie sowie den geriebenen Käse untermischen. Mit Salz abschmecken.

Tomaten waschen und die Oberseiten kreisrund einschneiden, sodass sich kleine Deckel bilden. Die Tomaten vorsichtig aushöhlen und das Fruchtfleisch herausholen. Die Tomaten befüllen, dabei die Fülle leicht andrücken und mit den Deckeln verschließen. Das Fruchtfleisch fein schneiden und in eine Ofenform geben. Die gefüllten Tomaten darauf platzieren und 1 EL Butter in der Form verteilen. Die Cocktailtomaten halbieren und mit den gefüllten Tomaten in der Form bei 180 °C Umluft garen lassen, bis der Käse vollständig geschmolzen ist.

Zucchini-Mais-Puffer

Kennst du Kartoffelpuffer? Mich erinnern sie an Besuche im Wurstelprater, als Stärkung auf die Hand nach unzähligen Runden auf dem Karussell. Genauso gut, wenn nicht sogar eine Spur besser, ist der besondere Liebling meiner Kinder: Zucchinipuffer. Anstatt einem Hühnerei verarbeite ich in diesem Rezept ein Chia-Ei, was auch ganz hervorragend funktioniert. Sei es, weil man auf tierische Produkte verzichten möchte, oder einfach, wenn gerade keine Eier mehr im Haus sind.

ZUTATEN

30 MINUTEN

1 mittelgroße Zucchini
50 g Mais
2 EL Mehl
1 EL Chiasamen für das Chia-Ei
Sonnenblumenöl für die Pfanne
1 Zitrone

ZUBEREITUNG

Für das Chia-Ei 50 ml Wasser mit 1 EL Chiasamen vermischen. Für ca. 15 Minuten stehen lassen, bis es gut angedickt ist. Zucchini waschen, fein reiben, gut ausdrücken und mit Mehl, Mais und dem Chia-Ei zu einem glatten Teig verarbeiten, der von der Konsistenz her relativ fest sein sollte.

Sonnenblumenöl in einer beschichteten Pfanne erhitzen. Mit einem Suppenlöffel kleine Häufchen der Zucchini-Mais-Mischung in die Pfanne geben und diese mit dem Löffel flach drücken.

Auf mittlerer Stufe von beiden Seiten her langsam goldgelb ausbacken. Die fertigen Puffer aus der Pfanne nehmen und auf einem Küchenpapier abtropfen lassen. Zusammen mit Zitrone und Radieschen-Tzatziki (siehe »Radieschen-Tzatziki« auf Seite 28) servieren.

Karfiolsuppe

Im Herbst startet für mich die Suppensaison. Besonders cremige Varianten wie die Karfiolsuppe sind dann regelmäßig in den Suppenschüsseln am familiären Esstisch vorzufinden. Nicht nur, weil das Gemüse voller wichtiger Vitamine und Mineralstoffe steckt, sondern auch, weil uns Suppen von innen her wärmen und stärken.

ZUTATEN FÜR 3-4 PERSONEN

40 MINUTEN

1 Karfiolkopf
1 mittelgroße Zwiebel
1 EL Sonnenblumenöl
2 kleine Kartoffeln
100 ml Schlagobers
2 TL Suppengewürz für Gemüsesuppe
½ TL Paprikapulver
1 EL gehackte Petersilie
Salz zum Abschmecken
Wasser zum Ablöschen

ZUBEREITUNG

Zwiebel klein schneiden und in einem Topf in etwas Öl anrösten. Kartoffeln schälen, grob würfeln und zugeben. Den Karfiolkopf waschen, die einzelnen Röschen abtrennen, ebenfalls in den Topf geben und kurz anbraten. Paprikapulver darüber streuen und mit anrösten. Mit Wasser ablöschen, bis das gesamte Gemüse bedeckt ist. Suppengewürz hinzugeben und auf mittlerer Stufe kochen lassen.

Ist das Gemüse weich, Schlagobers zugeben und die Suppe mit einem Stabmixer pürieren, bis sie fein ist. Ist die Suppe zu dickflüssig, einfach Wasser zugeben, bis sie die gewünschte Konsistenz erreicht. Noch einmal aufkochen lassen und abschmecken. Vor dem Servieren mit Petersilie bestreuen.

Hard Fact

Karfiol hält aufgrund der hohen Menge an Ballaststoffen besonders lange satt. Er ist reich an Vitaminen und enthält neben Vitamin C und K auch Kalium, Calzium, Folsäure und Magnesium. Ein wahres Superfood aus dem Gemüsegarten.

Veggie-Bratensauce

Wenn ich an Bratensauce denke, habe ich sofort Opas Schweinebraten im Kopf mit der salzigen Sauce, die perfekt zu Semmelknödeln oder Reis passt. Gemüseküche und Bratensauce sind jedoch kein Widerspruch. Auch ohne Fleisch lässt sich eine wunderbare Sauce herstellen, die zu allerlei Gerichten passt.

ZUTATEN
20 MINUTEN

1 EL Tomatenmark
1 TL Paprikapulver
Salz
Petersilie oder Schnittlauch
2-3 Karotten
½ Zwiebel
1 EL Olivenöl

ZUBEREITUNG

Die Zwiebel klein würfeln und in einer beschichteten Pfanne in Olivenöl glasig andünsten. Tomatenmark und Paprikapulver zugeben und anrösten. Die Karotten schälen, klein schneiden und ebenfalls hinzugeben. Mit Wasser ablöschen, bis alles gut bedeckt ist. Mit Salz abschmecken und auf mittlerer Stufe dünsten lassen, bis die Karotten weich sind. Am Ende der Garzeit alles mit einem Pürierstab fein pürieren und nochmals abschmecken.

Tipp

Die Bratensauce kann portionsweise in Eiswürfelbehältern eingefroren und so als Basis oder zum Verfeinern von unterschiedlichen Rezepten genutzt zu werden.

Karfiol-Mangold-Gratin

Der Herbst ist für mich die Jahreszeit, in der mein Backofen am meisten zum Einsatz kommt. Gebackenes Gemüse, beträufelt mit Olivenöl und Meersalz in Kombination mit einfachen Dips stehen dann auf meinem Speiseplan. Besonders gerne mag ich überbackene Gemüsegratins mit viel Käse. Die letzten Mangoldblätter der Saison zusammen mit den ersten Karfiolköpfen des Herbsts eignen sich dafür nur allzu gut.

ZUTATEN
1 STUNDE

1 Karfiolkopf
einige Mangoldblätter (alternativ Spinat)
1 Frühlingszwiebel
150 ml Schlagobers
50 g Crème fraîche
1 Ei
50 g geriebener Bergkäse
Salz und Kräuter

ZUBEREITUNG

Karfiol in einzelne Röschen schneiden, gut waschen und in gesalzenem Wasser bissfest kochen. Mangold gut waschen und samt Stielen in feine Streifen schneiden. Die Frühlingszwiebel fein würfeln.

Gemüse in eine Auflaufform geben und durchmischen. In einem Becher oder Glas Schlagobers, Crème fraîche und Ei miteinander vermischen. Mit Salz und Kräutern würzen und über das Gemüse gießen. Den geriebenen Käse darüber verteilen und im vorgeheizten Backofen bei 180 °C Umluft für ca. 30 Minuten backen, bis der Käse komplett geschmolzen ist.

Hard Fact

Die bunten, knackigen Mangoldstiele werden oft völlig zu Unrecht abgeschnitten und weggeworfen. Dabei sind sie nicht nur besonders hübsch anzusehen, sondern enthalten - wie auch die Blätter - Vitamin B und C sowie große Mengen an Karotinoiden, die Vorstufe des Vitamin A.

Gefüllte Mini-Paprika
mit Tomatensauce

Eine meiner liebsten Kindheitserinnerungen sind Omas gefüllte Paprika. Noch heute habe ich dasselbe wohlige Gefühl im Bauch wie damals, wenn ich dieses Gericht esse. Meine Version kommt hierbei aber ohne Fleisch aus, dafür ist die selbstgemachte Tomatensauce ein wahrer Genuss.

ZUTATEN FÜR 3-4 PERSONEN
1 STUNDE

15-20 Mini-Paprika
250 g Einkornreis
1 EL Olivenöl für die Pfanne
½ Bund Petersilie
1 kleine Zwiebel
Salz zum Abschmecken

frische Tomatensauce (siehe »Tomatensauce Homemade« auf Seite 180)

ZUBEREITUNG

Reis waschen und mit einer fein gehackten Zwiebel in einem Topf mit Olivenöl glasig anrösten. Mit der doppelten Menge an Wasser aufgießen, großzügig salzen und kurz aufkochen. Auf mittlerer Stufe mit geschlossenem Deckel für 20 Minuten weich dünsten lassen.

In der Zwischenzeit die Mini-Paprika waschen, die oberen Teile als »Deckel« abschneiden und das Innere von Kernen befreien. Ist der Reis fertig, mit frisch gehackter Petersilie mischen und die Paprika damit befüllen. Mit den »Deckeln« verschließen und in einen Topf legen. Mit Tomatensauce auffüllen, bis die Paprika gut bedeckt sind. Auf mittlerer Stufe für ca. 20 Minuten weich garen lassen.

Tipp

Paprika können nach Herzenslust befüllt werden, besonders gut schmecken sie mit Quinoa oder Couscous.

Kohlrabi-Apfel-Salat

Im Winter Vitamine zu tanken, ist nicht nur möglich, sondern auch wichtig. Ein knackiger Kohlrabi-Apfel-Salat eignet sich da ideal als Vitaminbombe. Süß und sauer kombiniert mit salzig-knackigen Croûtons - ein echtes Geschmackserlebnis.

ZUTATEN FÜR 2 PERSONEN
15 MINUTEN

1 mittelgroßer süß-säuerlicher Apfel
1 Kohlrabi
1–2 altbackene Scheiben Brot
2 EL Olivenöl
2 EL Sonnenblumenkerne

FÜR DIE MARINADE
Hollerkapern (siehe »Hollerkapern« auf Seite 54)
½ Zitrone
2 EL Crème fraîche
1 EL Olivenöl
1 EL Honig

ZUBEREITUNG

Kohlrabi waschen, schälen und in feine Stifte schneiden. Den Apfel waschen und ebenfalls in Stifte schneiden – die Schale unbedingt dran lassen, denn darunter befinden sich wertvolle Vitamine. Die geschnittenen Zutaten in einer Schüssel miteinander vermengen.

Für die Croûtons das Brot in feine Würfel schneiden und in einer beschichteten Pfanne mit Olivenöl von allen Seiten her goldgelb braten. Die Croûtons aus der Pfanne nehmen und auf einem Küchenpapier abtropfen lassen.

Die Zutaten für die Marinade in einer Schüssel mit einem Pürierstab zu einem Dressing pürieren und über den Salat gießen. Gut vermengen und zum Schluss mit Croûtons und Sonnenblumenkernen bestreuen.

Hard Fact

Äpfel sind ein tolles Lagerobst. Bei der richtigen Temperatur und Luftfeuchtigkeit aufbewahrt, halten sie sich über viele Monate frisch und versorgen uns gerade im Winter mit notwendigen Vitaminen und Nährstoffen. Lagert man sie bei 1–2 °C, wird die Atmung des Apfels reduziert, der Reifeprozess verlangsamt sich und er bleibt länger frisch.

Süße Mohnnudeln
aus Omas Küche

Wenn ich Mohnnudeln zubereite, habe ich das Bild meiner Oma vor Augen, die mit mehligen Händen in der Küche steht und eine Mohnnudel nach der anderen »wuzelt«, wie wir in Wien sagen. Sie sind nicht oft auf unseren Tellern gelandet, denn so gut sie auch schmecken - das Wuzeln von Hand bedeutet Arbeit. Eine Arbeit jedoch, die sich für diesen himmlischen Geschmack wirklich lohnt.

ZUTATEN FÜR 3-4 PERSONEN
1 STUNDE

50 g Butter
1 Eidotter
500 g mehlige Kartoffeln
140 g glattes Dinkelmehl
Prise Salz
30 g Weizengrieß

außerdem 3-5 EL Mohn
2-3 EL Butter für die Pfanne
Hollerkoch (siehe »Hollerkoch« auf Seite 104)
Staubzucker zum Bestäuben

ZUBEREITUNG

Kartoffeln in einem Topf mit Wasser bedecken und kochen lassen, bis sie weich sind. Überkühlen lassen, schälen und noch lauwarm durch eine Kartoffelpresse drücken. Butter in einer Pfanne auf dem Herd erwärmen und mit Eidotter, einer Prise Salz, Mehl und Grieß unter die Kartoffeln rühren. Nicht zu sehr kneten, da der Teig sonst zu weich und klebrig wird.

Den Teig zu einer Rolle formen und in gleich große, fingerdicke Stücke schneiden. Diese mit der flachen Hand zu Nudeln rollen. In einem zweiten Topf Wasser zum Kochen bringen und die Nudeln einlegen. Auf mittlerer Stufe für wenige Minuten darin köcheln lassen, bis sie an der Oberfläche schwimmen.

In einer beschichteten Pfanne etwas Butter schmelzen und die abgetropften Nudeln darin schwenken. Mit Mohn und Staubzucker bestreuen und mit einer Portion Hollerkoch servieren.

Amaranth-Kekse

Kekse zu backen ist für mich nicht nur eine Tradition in der Vorweihnachtszeit, dafür liebe ich Kekse zu sehr. In Kombination mit Superfood sind sie zudem eine tolle Variante für einen gesunden Snack, den man sich zum Nachmittagskaffee gönnen kann.

ZUTATEN
1 STUNDE

40 g Amaranth
100 ml Wasser
1 Ei
280 g Dinkelmehl
100 g Butter
180 g Zucker
Prise Salz

Bratapfelmarmelade zum Bestreichen (siehe »Bratapfelmarmelade« auf Seite 164)

ZUBEREITUNG

Amaranth in 100 ml Wasser aufkochen und anschließend auf mittlerer Stufe quellen lassen, bis er sich vom Volumen her verdoppelt hat und gar ist. Danach auskühlen lassen.

Nach dem Auskühlen mit den restlichen Zutaten zu einem glatten Teig verarbeiten und in Folie gewickelt für mindestens 30 Minuten im Kühlschrank ruhen lassen. Auf einer bemehlten Arbeitsfläche ca. fingerdick ausrollen und mit Formen ausstechen. Danach die Teigstücke auf ein mit Backpapier ausgelegtem Backblech auflegen, bei 175 °C Umluft für 8–12 Minuten backen und noch weich aus dem Ofen holen. Sobald die Kekse ausgekühlt sind, können sie mit Marmelade oder Schokolade verziert werden.

Tipp

In einer Dose aufbewahrt, sind die Kekse für einige Tage haltbar.

Winter

Der Winter wird oftmals unterschätzt, wenn es um das Potenzial im Gemüsegarten geht. Für die meisten (Hobby-) Gärtner ist die Gartensaison Ende Oktober zu Ende. Die Beete bleiben über den Winter leer, weil geglaubt wird, dass kein Gemüse wachsen und gedeihen kann. In meinem Garten versuche ich mich nun schon das dritte Jahr im Anbau über das ganze Jahr hinweg, denn gerade im Winter lassen sich großartige Vitaminbomben ernten. Worauf zu achten ist, ist die rechtzeitige Aussaat. Diese muss im Hochsommer erfolgen, nämlich dann, wenn die ersten Beete bereits wieder leer werden. So kann, pünktlich für den Winter, die neue Aussaat erfolgen.

Einkornreis-Porridge
mit Früchten

Warmes Frühstück eignet sich vor allem im Winter wunderbar, um satt in den Tag zu starten. Es bereitet ein rundum wohliges Gefühl im Bauch und ist zudem mehr als gesund.

ZUTATEN FÜR 1 PORTION
15 MINUTEN

50 g Einkornreis
100 ml Milch
60 ml Wasser
Prise Salz
1 Messerspitze Zimt
1 EL Zucker (optional)

2 Marillen
1 EL Honig
1 EL brauner Zucker
2 EL Wasser

ZUBEREITUNG

Wasser und Milch in einem Topf vermengen, Reis und eine Prise Salz zugeben und aufkochen lassen. Auf mittlerer Stufe unter ständigem Rühren gar kochen, bis der Porridge eine cremige Konsistenz erhält.

Die Marillen waschen, halbieren, entsteinen und anschließend in feine Streifen schneiden. In einem Topf Honig und braunen Zucker vermengen, die Marillen hinzugeben und kurz schwenken. Mit Wasser ablöschen und aus dem Topf nehmen.

Den Einkornreis-Porridge in einer Schüssel anrichten und mit frischen Früchten garnieren.

Tipp

Ein Löffel voll Hollerkoch (siehe »Hollerkoch« auf Seite 104) passt besonders gut zu diesem Porridge.

Karfiol Wings

Karfiol ist ein Gemüse, das unglaubliches Potenzial hat. Er steckt nicht nur voller Vitamine und Mineralstoffe, sondern ist auch vielseitig einsetzbar und lässt sich so zu den unterschiedlichsten Speisen verarbeiten. Karfiol Wings bieten eine gesunde Alternative zu Chicken Wings und sind dem Original gar nicht so unähnlich.

ZUTATEN
1 STUNDE

1 Karfiol
100 g Ketchup
50 g Barbecue-Sauce
200 ml Haferdrink
150 g Dinkelmehl
½ TL Salz
1 TL Paprikapulver
3 EL Olivenöl

ZUBEREITUNG

Karfiol waschen und in einzelne Röschen schneiden. In einer großen Schüssel Dinkelmehl und Hafermilch gut vermischen. Den Karfiol zugeben und mit der Masse benetzen. Auf einem mit Backpapier ausgelegten Backblech verteilen und im vorgeheizten Backofen bei 220 °C Umluft für 20 Minuten backen.

In der Zwischenzeit die Schüssel auswaschen und darin Ketchup, Paprikapulver, Barbecue-Sauce und Olivenöl vermengen. Den Karfiol kurz überkühlen lassen, dann in die Schüssel zugeben und mit der Sauce benetzen. Nochmals für 20 Minuten bei 200 °C Umluft in den Ofen geben.

Tipp

Kinder lieben Karfiol Wings! Am besten passen dazu Potato Wedges und ein bunter Salat.

Apfel-Bananenbrot
im Glas

Kuchen im Glas ist eine ganz wunderbare Möglichkeit, um die letzten Äpfel zu verarbeiten, die noch in der Speisekammer auf ihren Einsatz warten.

ZUTATEN
45 MINUTEN

2 säuerliche Äpfel
2 Bananen
50 g Zucker
250 g Dinkelmehl
70 ml Sonnenblumenöl
2 TL Backpulver
50 ml Buttermilch
3 Eier
Prise Salz

ZUBEREITUNG

Eier und Zucker mit einer Prise Salz schaumig rühren. Bananen mit der Gabel zerdrücken, die Äpfel waschen und fein reiben. Alle Zutaten zu einem glatten Teig verrühren.

In hitzebeständige Gläser füllen – nicht mehr als ⅔ befüllen, da sich der Küchen noch ausdehnt – und im vorgeheizten Backofen bei 180 °C Umluft für 25–30 Minuten backen, bis die kleinen Kuchen durch sind.

Tipp

Gut verschlossen und verziert mit einem schönen Geschenkband ist so ein Kuchen im Glas ein süßes Präsent für liebe Freunde.

Karottensuppe
mit roten Linsen

In vielen Suppen wird den knackigen Karotten zu Unrecht keine echte Chance gegeben. Dabei strotzen sie in Kombination mit roten Linsen geradezu voll wichtiger Vitamine und Mineralstoffe!

ZUTATEN FÜR 3-4 PERSONEN
1 STUNDE

150 g rote Linsen
5-6 Karotten
2 Frühlingszwiebel
Thymian und Petersilie
1 TL Suppengewürz
100 ml Schlagobers
750 ml Wasser

altbackenes Brot
Olivenöl

ZUBEREITUNG

Frühlingszwiebel und Karotten schälen und fein schneiden. In einem Topf in etwas Olivenöl anrösten und mit 750 ml Wasser aufgießen.

Die roten Linsen gut waschen, abspülen und in einem Sieb abtropfen lassen. In den Topf zugeben und dünsten lassen, bis sie weich werden. Mit einem Stabmixer pürieren und 100 ml Schlagobers hinzugeben. Mit Kräutern und Salz abschmecken.

Für die Einlage altbackenes Brot würfeln und in einer beschichteten Pfanne mit Olivenöl anrösten und zur Suppe servieren.

Hard Fact

Frühlingszwiebel sind meist milder als normale Zwiebel und können das ganze Jahr über geerntet werden. Sie enthalten Vitamin B, C und E, Kalium, Kalzium, Eisen und Beta-Carotin.

Apfel-Ingwer-Smoothie

Gerade in der kalten Jahreszeit ist ein kleiner Vitaminboost immer eine gute Idee, um unsere Abwehrkräfte zu stärken. Apfel und Ingwer sind hier ein unschlagbares Team, weil sie uns mit notwendigen Nährstoffen versorgen, die unser Körper so dringend braucht.

ZUTATEN
10 MINUTEN

1 Stück Ingwer (1 cm dick)
1 ½ Äpfel
Saft einer ½ Zitrone
1 EL Honig
200 ml Orangensaft

ZUBEREITUNG

Äpfel waschen, halbieren, entkernen und in kleinere Stücke schneiden. Ingwer schälen und in kleine und feinere Stückchen schneiden. Zitrone auspressen. Apfelstücke, Ingwer und Zitronensaft in einen leistungsstarken Blender geben und mit Honig sowie Orangensaft auf höchster Stufe mixen.

Den Smoothie am besten kalt genießen. Er hält sich auch für ein paar Tage verschlossen im Kühlschrank und kann, abgefüllt in kleinen Gläsern, zu Shots portioniert werden.

Hard Fact

Ingwer wirkt schleimlösend, desinfizierend, durchblutungsfördernd, entgiftend, aber auch verdauungsfördernd, appetitanregend und entzündungshemmend. Nicht nur bei Husten, Schnupfen, grippalen Infekten und Atemwegserkrankungen, sondern vor allem auch bei Übelkeit, Brechreiz oder Verdauungsproblemen ist Ingwer ein tolles, natürliches Hausmittel, das auch vorbeugend zur Stärkung der Abwehrkräfte verwendet werden kann.

Zimtknoten
mit Birnenmus

Gefülltes Hefegebäck ist ein treuer Begleiter von Kaffeetafeln und eignet sich zudem ganz wunderbar, um ein wenig von seinen Marmelade- und Musvorräten zu verbrauchen. Die kleinen Zimtknoten sind gefüllt mit Birnenmus und lassen geschmacklich noch einmal den Sommer aufleben.

ZUTATEN FÜR 7-9 STÜCK
1 ½ STUNDEN

FÜR DIE ZIMTKNOTEN
1 EL Reissirup
300 ml Haferdrink
1 Pkg Trockenhefe (oder ½ Würfel frischer Germ)
50 g brauner Zucker
470 g glattes Weizenmehl
Prise Salz

FÜR DIE FÜLLUNG
200 g Birnenmus (siehe »Birnenmus einkochen« auf Seite 168)
½ TL Zimt
Haferdrink zum Bestreichen
Staubzucker zum Bestreuen

Mehl für die Arbeitsfläche

ZUBEREITUNG

Haferdrink lauwarm erwärmen und den Zucker darin auflösen. Auch die Hefe in der Mischung auflösen und für 10 Minuten zugedeckt ruhen lassen. Mehl und eine Prise Salz zugeben und zu einem geschmeidigen Teig verkneten. Zugedeckt mindestens 1 Stunde gehen lassen, bis der Teig sein Volumen verdoppelt hat.

Den Teig auf einer gut bemehlten Fläche zu einem etwa backblechgroßen Rechteck ausrollen und mit Birnenmus bestreichen. Die beiden Längsseiten zur Mitte einklappen, sodass sie einander überlappen. Teig mit einem scharfen Messer halbieren und anschließend in 12 Streifen schneiden.

Die Stränge ineinander verdrehen, zweimal um zwei Finger wickeln und einen Knoten machen. Auf ein mit Backpapier ausgelegtes Backblech legen, mit Haferdrink bestreichen und mit Zimt bestreuen. Bei 180 °C Umluft im vorgeheizten Backofen für 20-25 Minuten backen, bis die Zimtknoten leicht bräunlich sind. Erst nach dem Überkühlen mit Staubzucker bestreuen.

Mini-Quiche
mit Karotte

ZUTATEN FÜR 8 KLEINE ODER 1 GROSSE QUICHE
1 STUNDE

FÜR DEN TEIG
200 g glattes Mehl
1 Ei
½ TL Salz
2 EL Milch
75 g kalte Butter

FÜR DIE FÜLLUNG
150 g Schlagobers
5 EL Milch
3 Eier
Karotten
Salz und Kräuter zum Würzen

ZUBEREITUNG

Alle Zutaten für den Teig gut miteinander verkneten. Das gelingt am besten mit einer Küchenmaschine, kann aber natürlich auch mit der Hand gemacht werden. Anschließend zu einer Rolle formen und in 8 gleich große Portionen unterteilen. Diese zu kleinen Kugeln kneten und ausrollen. Danach in eingefettete und bemehlte Tarteformen drücken – der Teig darf ruhig am Rand überlappen. Mit einer Gabel mehrfach einstechen und im vorgeheizten Backrohr bei 200 °C Umluft für ca. 15 Minuten vorbacken.

In der Zwischenzeit das Gemüse waschen. Mit einem Gemüseschäler von den geschälten Karotten dünne Streifen abschälen. Sind die Quicheböden ein wenig ausgekühlt, können die Streifen in Blütenform darauf verteilt werden. Man beginnt in der Mitte und rollt die Streifen wie eine Schnecke ein, jeweils 2 cm überlappend.

In einer Schüssel Eier, Milch und Schlagobers verquirlen, dann mit Salz und Kräutern abschmecken. Mit einem Löffel vorsichtig zwischen den Karottenstreifen verteilen und die kleinen Mini-Quiche bei 200 °C Umluft für 20–25 Minuten fertig backen.

Hard Fact

Die Karotte ist das perfekte Lagergemüse. Sie kann, eingegraben in Kisten mit Sand, für viele Monate im Keller frisch gehalten werden und versorgt uns so mit Vitamin B1, B2, B6, C und E.

Rote-Rüben-Risotto

Risotto ist die wohl schönste Art und Weise, um Liebe in ein Gericht zu übertragen. Durch das viele und ständige Umrühren wird jedes Reiskorn mit einer Sorgfalt bedacht, die man sofort herausschmeckt. Rote Rüben passen nicht nur erstklassig in ein Risotto, sie machen die Schüssel zudem bunt und versorgen uns mit vielen Vitaminen.

ZUTATEN FÜR 3-4 PERSONEN
40 MINUTEN

200 g Risottoreis
1 rote Zwiebel
1-2 Rote Rüben (vorgegart)
600 ml Gemüsebrühe
50 g Parmesan
3 EL Butter
1 EL Olivenöl für die Pfanne
Sprossen und geriebener Parmesan als Topping

ZUBEREITUNG

Risottoreis waschen, gut abspülen und in einem Sieb abtropfen lassen. Zwiebel fein würfeln und in einem Topf mit Olivenöl und Reis glasig anrösten. Mit 300 ml Gemüsebrühe ablöschen und auf mittlerer Stufe köcheln lassen. Rote Rüben fein würfeln und zum Reis zugeben.

Den Reis immer wieder umrühren und sobald er zu fest wird, Gemüsebrühe mit einer Schöpfkelle nachgießen. Ist der Reis gar, Butter und geriebenen Parmesan unterrühren. Am Ende der Garzeit sollte das Risotto schön cremig und nicht zu trocken sein.

Mit Sprossen und geriebenem Parmesan verrühren und servieren.

Hard Fact

Die Rote Rübe, auch Rote Beete oder Rone genannt, kann bis in den Winter hinein geerntet werden. In diesem Wurzelgemüse steckt nicht nur eine wunderbare Farbintensität, die Rüben sind auch reich an Mineralstoffen wie Kalzium, Phosphor, Kalium, Magnesium und Eisen sowie Vitaminen der B-Gruppe, Vitamin C und Folsäure.

Karotten-Weckerl

Frisches Brot und Gebäck sind immer eine gute Idee und eignen sich nicht nur fürs Sonntagsfrühstück. Die kleinen Weckerl mit Topfen lassen sich einfach zubereiten, die enthaltene Karotte sorgt zudem für die nötige Saftigkeit.

ZUTATEN FÜR 12 STÜCK
2 STUNDEN

125 g Topfen
490 g Dinkelmehl
150 g Karotten
1 ½ TL Salz
2 EL Sonnenblumenkerne
1 TL Honig
1 Pkg Trockenhefe
(oder ½ Würfel
frischer Germ)
200 ml lauwarmes Wasser

Mehl für die Arbeitsfläche

ZUBEREITUNG

Honig und Hefe miteinander verrühren und in lauwarmem Wasser auflösen. Zugedeckt für ca. 10 Minuten ruhen lassen.

In der Zwischenzeit die Karotten schälen und fein reiben. Mehl mit Topfen und Hefe vermengen. Zum Schluss Salz und Karotten unterkneten. Den Teig für mindestens 1 Stunde an einem warmen Ort zugedeckt rasten lassen. Er sollte sich in dieser Zeit vom Volumen her ungefähr verdoppeln.

Anschließend auf einer bemehlten Arbeitsfläche gut durchkneten und in 12 gleich große Portionen teilen. Die Teiglinge rund schleifen und auf ein mit Backpapier ausgelegtes Backblech legen. Die Oberseite mit Wasser bepinseln und mit Sonnenblumenkernen bestreuen. Im vorgeheizten Backofen bei 180 °C Umluft für 25-30 Minuten backen.

Auf einem Gitterrost überkühlen lassen.

Baozi Taschen

Ich bin ein großer Fan der asiatischen Küche und diese kleinen Baozi Taschen haben es mir so richtig angetan. In der Zubereitung sind sie zwar ein wenig aufwendiger, aber es lohnt sich, dieses Rezept auszuprobieren und die Teigtaschen mit saisonalem Gemüse zu füllen. Ein absolutes Muss ist für mich eine Füllung mit Kraut, egal ob Weißkraut, Chinakohl oder Rotkraut.

ZUTATEN
40 MINUTEN

FÜR DEN TEIG
6 g Trockenhefe
1 TL Honig
260 g glattes Weizenmehl
40 g Reismehl
150 ml Wasser
½ TL Salz
Mehl für die Arbeitsfläche

FÜR DIE FÜLLUNG
1 Stange Lauch
1 Paprika
1 Karotte
¼ Rotkraut
2 Knoblauchzehen
1 EL Sojasauce
Öl für die Pfanne
Saft einer ½ Limette

FÜR DEN DIP
1 Frühlingszwiebel
½ Chili
Sojasauce

ZUBEREITUNG

Für die Füllung das Gemüse waschen, mit den restlichen Zutaten klein hacken und in einer beschichteten Pfanne in etwas Öl anbraten. Mit Sojasauce und 3 EL Wasser ablöschen und köcheln lassen, bis die Flüssigkeit komplett verdampft ist. Mit Salz abschmecken und den Saft einer ½ Limette darüber träufeln.

Hefe in einer Schüssel mit Honig vermischen. 150 ml lauwarmes Wasser zugeben und die Hefe darin auflösen. Zugedeckt für 10 Minuten ruhen lassen, damit die Hefe antreiben kann.

Die restlichen Zutaten hinzugeben und alles zu einem glatten, geschmeidigen Teig kneten. Zu einer Rolle formen und in gleich große, ca. daumendicke Stücke teilen. Diese dann auf einer bemehlten Arbeitsfläche dünn ausrollen.

1 EL voll Füllung mittig darauf verteilen und die Taschen eindrehen. Erst von den Seiten links und rechts zur Mitte kommend und dann kreisrund ausarbeiten. Die Taschen können sowohl gedämpft (ca. 10 Minuten) als auch in einer beschichteten Pfanne in Öl angebraten werden.

Dazu passt am besten eine Sojasauce, die ich noch mit Chili und fein gehackten Frühlingszwiebeln verfeinere.

Sauerrahm-Schmarren

Was passt besser zu einer ordentlichen Portion Apfelmus als ein richtig guter Schmarren? Das eingekochte Mus vom Herbst erinnert uns an einen wunderbaren Sommer, in dem die Sonnenstrahlen unsere Nasenspitzen gekitzelt haben. Mit einem mächtigen Klecks Sauerrahm wird der Schmarren besonders flaumig.

ZUTATEN
20 MINUTEN

4 Eier
60 g Zucker
100 g Dinkelmehl
200 g Sauerrahm
Prise Salz
½ TL Backpulver
Butter
2 EL Rosinen

ZUBEREITUNG

Eier trennen. Eiklar mit einer Prise Salz steif schlagen. Eidotter, Zucker, Sauerrahm, Mehl und Backpulver zu einem Teig verarbeiten. Zum Schluss den Eischnee unterheben.

In einer beschichteten Pfanne 1 EL Butter zerlassen und einen Teil der Masse goldgelb backen. Je nach Pfannengröße muss der Schmarren auf 2-3 Teile verteilt gebacken werden.

Ist der Schmarren durch, mit 2 Löffeln in Stücke reißen, mit Puderzucker bestreuen und mit Apfelmus oder Hollerkoch servieren.

Sauerkraut-Flammkuchen

Wenn es einmal wieder schnell gehen muss, weil die Zeit drängt, dann ist ein Flammkuchen ideal. Die Zutaten, die dafür benötigt werden, finden sich fast immer im Kühlschrank. Wenn kein Belag vorhanden sein sollte, hole ich einfach ein Glas Sauerkraut aus der Speisekammer. Ein simples Gericht, das immer schmeckt.

ZUTATEN

1 STUNDE

200 g glattes Dinkelmehl
125 ml kaltes Wasser
2 EL Olivenöl
½ TL Salz
3 EL Sauerkraut (siehe »Sauerkraut mit Karotte - Vitaminbombe für kalte Tage« auf Seite 172)
1 rote Zwiebel
3 EL Sauerrahm
3 EL Crème fraîche
1 TL Kräuter (frisch)

Mehl für die Arbeitsfläche

ZUBEREITUNG

Mehl, Salz und Öl mischen. Wasser nach und nach zugeben und verkneten. Das Wasser sollte so kalt wie möglich sein, so gelingt der Teig am besten. Zu einer Kugel formen und für 30 Minuten im Kühlschrank rasten lassen.

Anschließend auf einer bemehlten Arbeitsfläche dünn ausrollen. Crème fraîche und Sauerrahm mit Kräutern verrühren, den Teig damit bestreichen und das Sauerkraut auf dem Flammkuchen verteilen.

Bei 200 °C Umluft im vorgeheizten Backofen für ca. 15 Minuten backen. Den fertigen Flammkuchen in Stücke schneiden und servieren.

Hard Fact

Flammkuchen ist eine Spezialität aus dem Elsass und Lothringen. Die Grundlage ist ein Brotteig aus Mehl und Wasser, der einfach dünn ausgerollt und ganz nach Lust und Laune belegt werden kann.

Mürbeteigkekse
mit Brombeergelee

Die Vorweihnachtszeit ist die Zeit der Weihnachtskekse, in der endlich die im Sommer eingekochten, süßen Marmeladenschätze zum Einsatz kommen. Der Geschmack des Sommers ist mit jedem Keks sofort wieder zurück im Gedächtnis und im Herzen.

ZUTATEN FÜR 2 BLECHE KEKSE
1 ½ STUNDEN

150 g glattes Weizenmehl
50 g Staubzucker
1 Pkg Vanillezucker
100 g Butter
1 Eidotter

ZUBEREITUNG

Zutaten rasch zu einem glatten Teig verkneten und anschließend eingepackt für eine halbe Stunde im Kühlschrank rasten lassen. Den Teig noch einmal gut durchkneten, ausrollen und mit unterschiedlichen Formen nach Herzenslust Kekse ausstechen.

Bei 180 °C Ober- und Unterhitze im vorgeheizten Backrohr für 10-12 Minuten backen. Kekse überkühlen lassen, jeweils eine Hälfte mit Brombeergelee bestreichen und einen zweiten Keks oben drauf legen. Zum Schluss mit Staubzucker bestreuen.

Tipp

Der Teig lässt sich besser verarbeiten, wenn er kühl ist. Sollte das Ausstechen der Kekse also zu lange dauern und der Teig wieder klebriger werden, einfach noch mal in den Kühlschrank legen und rasten lassen.

Basics

Für die Speisekammer.

honig
senf
gurken
LÖWENZAHN
HONIG
Marillen Senf

Eine prall gefüllte Speisekammer ist für jeden Gemüsegartenbesitzer das Ziel der vielen Arbeit, die der Garten rund ums Jahr macht. Es ist wie der Lohn für die Arbeit, der man sich tagtäglich stellt.

Und es erfüllt einen mit Stolz und großer Dankbarkeit, die unzähligen Gläser eingekochter Marmeladen, Salate und Saucen zu sehen, die einem nun den Winter über zur Verfügung stehen.

Letztendlich ist sicher auch genau das der Ansporn für mich gewesen, den Gemüsegarten in der Form zu bewirtschaften, wie ich es heute tue.

Was in meiner Speisekammer ein MUSS ist, entscheide ich selbst, aber die Basics sind wohl in allen Haushalten gleich. Einige Gläser Tomatensauce oder Sugo, Pesto für allerlei Pasta-Gerichte und mehr, aber auch fermentiertes Kraut, Salate und eingelegte Gurken sollten einfach in keiner Speisekammer fehlen.

In meinem Vorratsschrank gibt es außerdem noch Apfel- und Birnenmus, aber auch getrocknete Apfelscheiben, selbst gemachtes Fruchtmus, Kompotte und natürlich getrocknete Kräuter.

Apfelessig
selbstgemacht

Um Apfelessig selbst herzustellen, benötigt man nicht viel. Lediglich ein großes, sauberes (am besten ausgekochtes, steriles) Glas und Apfelreste. Ist das Glas voll, werden die Schalen komplett mit Wasser bedeckt. Über das Glas entweder ein Leinentuch oder ein Stück Küchenpapier spannen und mit einer Schnur oder einem Gummiring fixieren. Das Glas in der Küche aufbewahren, täglich einmal öffnen und umrühren, sodass die Apfelreste, die eventuell aus dem Wasser herausschauen, nicht zu schimmeln beginnen. Nach 5–7 Tagen kann die Flüssigkeit abgeseiht und in ein frisches Glas oder eine Flasche umgefüllt werden. Danach erneut abdecken. Die Apfelreste kannst du, wie gewohnt, zum Kompost geben.

Jetzt heißt es 4–6 Wochen warten – je länger, desto besser. Der Essig darf nun ruhen und reifen. Du wirst feststellen, dass sich an der Oberfläche Ablagerungen sammeln, die natürliche Gärung setzt ein und es bildet sich eine Essigmutter, die deinen Essig nährt. Wenn du neugierig bist, kannst du einmal pro Woche das Tuch abnehmen und an deinem Essig riechen. Du wirst feststellen, wie sehr er sich verändert und, dass der typische Essiggeruch mit den Wochen immer intensiver wird.

LANGE HALTBARKEIT

Nach ca. 6 Wochen kannst du den Essig in sterile Flaschen umfüllen und einlagern, so hält er sich sehr lange. Die entstandene Essigmutter kannst du übrigens für die Herstellung des nächsten Essigs verwenden. Falls du in nächster Zeit keinen Essig ansetzen möchtest, diese einfach in Wasser und etwas Essig im Kühlschrank aufbewahren. In ein verschlossenes Glas geben, sodass sie gut im Wasser schwimmt und ab und zu ein wenig Zucker zugeben, damit sie weiter wachsen kann und lebendig bleibt.

Bratapfelmarmelade

Äpfel für den Winter zu konservieren, ist nie verkehrt. Wir bewahren in unserer Speisekammer einige Gläser Apfelmus, aber auch getrocknete Apfelscheiben zum Naschen für zwischendurch auf. Eine süße Köstlichkeit, die sowohl als Füllung für Zimtschnecken als auch zum Keksebacken oder als Brotaufstrich zum Einsatz kommt, ist meine Bratapfelmarmelade.

ZUTATEN

45 MINUTEN

500 g Äpfel
Saft einer Zitrone
2 EL brauner Zucker
1 TL Zimt (gemahlen)
½ TL Anis (gemahlen)
Gelierzucker im Verhältnis 2:1

ZUBEREITUNG

Äpfel waschen, vierteln und entkernen (Bio-Äpfel können direkt mit der Schale verarbeitet werden). Die Äpfel in grobe Stücke schneiden, mit dem Gelierzucker vermengen und auf mittlerer Stufe einkochen lassen, bis sie weich sind. Die Masse pürieren und die restlichen Zutaten zugeben. Gelierprobe machen, noch heiß in sterile Gläser abfüllen und gut verschließen.

BRATAPFEL

Brombeergelee

Den Sommer im Garten in einem Glas konservieren! Marmeladen in vielen Variationen und Ausführungen sind für mich ein Muss in meiner Speisekammer – ob als Aufstrich fürs Brot, zum Keksebacken oder als Füllung für Kuchen und Torten.

ZUTATEN
40 MINUTEN

500 g Brombeeren
250 g Gelierzucker im Verhältnis 2:1
1 Zitrone (gepresst)
1 Messerspitze Zimt
1 Pkg Vanillezucker

ZUBEREITUNG

Brombeeren waschen, in einem Topf mit dem Gelierzucker vermengen und aufkochen lassen. Auf mittlerer Stufe köcheln lassen, bis das Gelee eingedickt ist. Zitronensaft, Zimt und Vanillezucker zugeben und eine Gelierprobe machen. In sterile Gläser füllen und sofort verschließen. Für 5 Minuten auf den Kopf stellen. Danach kann das Gelee in der Speisekammer eingelagert werden.

Birnenmus
einkochen

Leider passiert es mir in fast jedem Erntejahr, dass ich viel Fallobst habe. Vor allem die optisch nicht so schönen Birnen oder solche, die an manchen Stellen schon Druckstellen haben und faulig sind, bieten sich zum Einkochen geradezu an. Daraus wird dann immer Mus eingekocht.

ZUTATEN
40 MINUTEN

1 kg Birnen
4–5 Nelken
1 Zimtstange
eventuell Zucker oder Ahornsirup

ZUBEREITUNG

Birnen waschen, schälen, entkernen und in kleine Stücke schneiden. In einem Topf mit Wasser bedecken und weich dünsten lassen. Wer es gerne etwas süßer mag, kann noch 1–2 Esslöffel Zucker oder Ahornsirup hinzufügen. Mit einem Pürierstab pürieren, in sterile Gläser abfüllen, gut verschließen und kühl lagern.

Um das Birnenmus über einen längeren Zeitraum haltbar zu machen, sollte es zusätzlich noch im Ofen eingekocht werden. Hierfür die gut verschlossenen Gläser in eine Bratpfanne oder Fettwanne stellen und diese mit Wasser anfüllen. Die Gläser sollten 2–3 cm hoch im Wasser stehen und einander nicht berühren. Im Ofen nun bei 140–160 °C Umluft einkochen, bis es in den Gläsern zu blubbern beginnt. Den Ofen ab diesem Zeitpunkt ausschalten, die Gläser aber noch nicht herausnehmen.

Sind sie nur noch leicht warm, können sie aus dem Ofen genommen werden. Das Birnenmus ist, steril eingekocht, über viele Monate haltbar.

Die Speisekammer
ist der größte Schatz

Sauerkraut mit Karotte
– Vitaminbombe für kalte Tage

Sauerkraut selbst herzustellen und zu fermentieren, ist sicher die einfachste und wohl auch eine der ältesten Methoden, um das frische Kraut haltbar zu machen. Sauerkraut ist eine wahre Vitaminbombe für kalte Tage, die uns mit einer großen Menge an Vitamin C versorgt und die Darmflora in Schuss hält.

ZUTATEN
5-7 TAGE

1 kg Weißkraut
2-3 Karotten
1 TL Wacholderbeeren
25 g Salz
1 TL Kümmel

ZUBEREITUNG

Kraut und Karotten waschen, fein raspeln und in einer Schüssel mit Salz vermischen. Für mindestens 10 Minuten gut durchkneten und das Salz ins Kraut einmassieren. Zugedeckt für 10-15 Minuten stehen lassen. In dieser Zeit lässt das Kraut Wasser, das zusammen mit dem Salz die sogenannte Lake bildet, die essenziell für die Fermentation ist.

Die Mischung mit den restlichen Gewürzen vermengen, in sterile Gläser füllen und anschließend festdrücken. Zum Schluss sollte das Kraut komplett mit Lake bedeckt sein. Das Glas gut verschließen.

Nach 5-7 Tagen ist der Gärungsprozess deutlich sichtbar, Gase steigen an der Wasseroberfläche auf und es blubbert. Das Glas bleibt in dieser Zeit bei Zimmertemperatur stehen. Den Deckel zwischendurch immer wieder öffnen, um die Gase entweichen zu lassen. Nachkontrollieren, ob das Kraut weiterhin mit Lake bedeckt ist und gegebenenfalls weiter nach unten drücken. Nach 1 Woche sollte das Sauerkraut fermentiert sein und kann in kleinere Gläser umgefüllt werden.

Gut verschlossen sollte es nun kühl gelagert werden, z.B. im Keller oder in der Speisekammer. Nach weiteren 2-3 Wochen der Reife ist das Sauerkraut fertig und kann gegessen werden. Grundsätzlich gilt: Je länger das Kraut reift, desto weicher wird es. Es hält sich über mehrere Monate und kann roh als Salat oder Beilage gegessen werden.

SAUERKRAUT
mit Karotte

RILLENGLAS

Honig-Senf-Gurken

Eingelegte, saure Gurken dürfen in keiner gut gefüllten Speisekammer fehlen. Mit Honig sind sie süß und sauer zugleich und verfeinern nicht nur Wurstsalate, sondern eignen sich perfekt zu Brot oder als Snack auf einer kalten Platte.

ZUTATEN
20 MINUTEN

½ kg Einlegegurken oder Minigurken
250 ml Wasser
125 ml Weißweinessig
Salz
Kräuter
frischer Dill
1 EL Senfkörner
1 TL Pfefferkörner
2–3 EL Honig

ZUBEREITUNG

Gurken in dünne Scheiben schneiden (oder der Länge nach in feine Stücke), in ein Glas füllen und Senf- und Pfefferkörner zugeben. Dill im Ganzen oder geschnitten ebenfalls zugeben. Den Essigsud herstellen und aufkochen lassen. Zucker in Wasser auflösen und über die Gurken gießen, bis sie komplett bedeckt sind – Gläser noch heiß verschließen. Die Gurken sollten nun ca. 4 Wochen durchziehen, bis sie gegessen werden können. An einem kühlen, dunklen Ort gelagert sind sie für ca. 6 Monate haltbar. Angebrochene Gläser unbedingt im Kühlschrank lagern.

Tipp

Das Essigwasser, in denen die Gurken schwimmen, kann als Basis für Salatsaucen verwendet werden.

honig
senf
gurken

Mixed Pickles

Mixed Pickles sind eine wunderbare Möglichkeit, um verschiedene Gemüsesorten zu konservieren. Zusammen in einem Glas gefüllt mit Essigsud, sind sie für viele Monate haltbar.

ZUTATEN

20 MINUTEN

1 kg Gemüse (Gurken, Karotten, Paprika, rote Zwiebel etc.)
½ TL Wacholderbeeren
500 ml Wasser
250 ml Apfelessig
etwas Salz
2 TL Senfkörner
frischer Dill und Thymian
Sonnenblumenöl
3 EL Zucker

ZUBEREITUNG

Gemüse waschen und in Stücke schneiden, z.B. mit einem Sparschäler. Rote Zwiebel in feine Ringe schneiden und mit dem Gemüse in ein steriles 1-Liter-Glas gießen. Die Kräuter und Gewürze ebenfalls ins Glas geben. Wasser und Essig mischen und den Zucker darin auflösen. Einmal aufkochen und für 15 Minuten leicht köcheln lassen. Essigsud in die Gläser füllen, bis das Gemüse komplett bedeckt ist. Als oberste Schicht 2-3 EL Öl verteilen und die Gläser noch heiß verschließen. An einem kühlen, dunklen Ort gelagert sind Mixed Pickles für ca. 6 Monate haltbar.

Tomatensauce
Homemade

Mit Beginn der Tomatenernte fällt auch der Startschuss, um die Speisekammer mit herrlich fruchtiger Tomatensauce zu füllen. Sie ist die perfekte Basis für viele Gerichte, schmeckt aber auch ganz wunderbar mit einer Portion Reis.

ZUTATEN
40 MINUTEN

1 kg Tomaten
1 EL Olivenöl
2 Knoblauchzehen
1 rote Zwiebel
2 EL Tomatenmark
1 TL Paprikapulver
1 Handvoll Basilikumblätter
Salz und Kräuter zum Abschmecken

ZUBEREITUNG

Zwiebel fein schneiden und in 1 EL Olivenöl anschwitzen. Paprikapulver, Knoblauch und Tomatenmark zugeben und leicht anrösten lassen. Tomaten waschen, vierteln und mit in den Topf geben. Die Tomaten lassen viel Wasser, daher ist eine Zugabe von Wasser eigentlich nicht notwendig. Auf mittlerer Stufe weich kochen und immer wieder umrühren.

Basilikum grob hacken, hinzugeben und die Tomaten mit einem Pürierstab fein pürieren. Wer keine Kerne in seiner Sauce haben möchte, muss die Sauce anschließend durch ein feines Sieb passieren (mich persönlich stören sie nicht). Zum Schluss die Sauce mit Salz und Kräutern nach Geschmack würzen und abfüllen.

Um Tomatensauce über Monate haltbar zu machen, sollte sie eingekocht werden. Wie das genau funktioniert, ist bereits im Rezept für das Birnenmus beschrieben (siehe »Birnenmus einkochen« auf Seite 168).

Hard Fact

Tomaten sind eine der wichtigsten Nahrungsquellen für das zellschützende Lycopin und enthalten außerdem Vitamin C, Kalium und Folsäure.

homemade
sugo

Pesto

Pesto ist eine schnelle und einfache Variante, um einen Überschuss an Kräutern zu verarbeiten. So lässt sich aus Basilikum, Karottengrün, aber auch Bärlauch oder Radieschenblättern ein herrliches Pesto zaubern.

ZUTATEN
10 MINUTEN

70 g Pinienkerne
100 g Kräuter, Bärlauch- oder Kohlrabiblätter
50 g Parmesan
150 ml Olivenöl

ZUBEREITUNG

Kräuter gut waschen und grob hacken, Parmesan fein reiben. Mit den Pinienkernen in einem Blender oder mit einem Stabmixer zu einem feinen Pesto mixen. In sterile Gläser umfüllen und mit Olivenöl anfüllen, bis das Pesto komplett mit Öl bedeckt ist. Fest verschlossen hält es sich bei kühler Lagerung für mehrere Wochen oder Monate. Wird das Pesto allerdings schon innerhalb der nächsten Tage gegessen, so muss es lediglich in ein Schraubglas abgefüllt werden und kann verschlossen im Kühlschrank aufbewahrt werden.

Tipp

Pesto in Eiswürfelbehältern einfrieren, so kann es bei Bedarf portionsweise entnommen werden und ist zudem eine großartige Basis für Pfannengerichte mit Gemüse, Fisch oder Fleisch.

Bauernbrot
Grundrezept

Das Grundrezept für Bauernbrot ist relativ simpel gehalten – zum einen kann man es sich leicht merken, zum anderen lässt es Spielraum für eigene Variationen offen.

ZUTATEN
2 ½ STUNDEN

400 ml Wasser
400 g Roggenmehl
400 g Weizenmehl
1 TL Honig
2 TL Salz
1 TL Brotgewürz
1 Pkg Trockenhefe (oder ½ Würfel frischer Germ)

Mehl für die Arbeitsfläche

ZUBEREITUNG

Die Hefe mit dem Honig gut vermengen, lauwarmes Wasser zugeben und darin auflösen. Zugedeckt für 10 Minuten ruhen lassen. Danach die restlichen Zutaten zugeben und den Teig für einige Minuten kneten, am besten mit einer Küchenmaschine. Zu einer Kugel formen und zugedeckt in einer Schüssel für ca. 1 ½ Stunden ruhen lassen.

Danach auf einer bemehlten Arbeitsfläche von außen zur Mitte einschlagen, mit den Händen vorsichtig zu einer runden Kugel formen, mit der Naht nach unten in ein Garkörbchen legen und für weitere 20 Minuten ruhen lassen.

In der Zwischenzeit den Backofen samt Backblech auf 210 °C Umluft vorheizen. Das Brot aus dem Garkörbchen vorsichtig auf das Blech kippen und für 15 Minuten backen lassen, danach die Temperatur auf 160 °C Umluft reduzieren und für weitere 20–25 Minuten backen lassen, bis es die gewünschte Farbe hat. Auf einem Gitterrost mindestens 1 ½ Stunden überkühlen lassen, ehe es angeschnitten werden kann.

Toastbrot

Auch wenn ich dunkles Brot sehr liebe, so darf es zwischendurch auch gerne mal ein Toastbrot sein - aber wenn, dann bitte selbstgemacht. Brot backen ist wirklich einfacher als so mancher denken mag. Trau dich ruhig, es auszuprobieren!

ZUTATEN
2 ½ STUNDEN

1 Pkg Trockenhefe (oder ½ Würfel frischer Germ)
1 TL Honig
70 g Butter
265 ml Milch oder Haferdrink
1 ½ TL Salz
490 g glattes Weizenmehl

ZUBEREITUNG

Die Trockenhefe mit dem Honig vermischen, Milch lauwarm erhitzen und die Hefemischung darin auflösen. Zugedeckt für 10 Minuten ruhen lassen. Anschließend mit den restlichen Zutaten zu einem glatten, geschmeidigen Teig verkneten.

Den Teig zu einer Kugel formen und zugedeckt in einer Schüssel 1 Stunde lang an einem warmen Ort rasten lassen. Nach der Ruhezeit den Teig gut durchkneten, zu einer Rolle formen und in eine Kastenform legen, die entweder ausgefettet oder mit Backpapier ausgelegt sein sollte.

Zugedeckt nochmals für 20 Minuten rasten lassen. Das Toastbrot dann bei 180 °C Umluft im vorgeheizten Backofen für ca. 30 Minuten backen, bis es eine goldgelbe Farbe bekommt. Auf einem Gitterrost auskühlen lassen und nach ca. 1 Stunde anschneiden.

Roggen-Dinkel-Weckerl
mit Sesam

Roggenmehl ist nicht nur gesund, es zählt auch zu einer der bekömmlicheren Mehlsorten. Verarbeitet zu kleinen Weckerln mit Sesam bestreut, machen sie sich ideal in der Jausenbox der Kinder oder beim Familienfrühstück.

ZUTATEN
2 STUNDEN

200 ml Wasser
150 g Roggenmehl
250 g Dinkelmehl
2 EL Naturjoghurt
Sesam zum Bestreuen
1 TL Honig
1 Pkg Trockenhefe
(oder ½ Würfel
frischer Germ)
1 TL Salz

Mehl für die Arbeitsfläche

ZUBEREITUNG

Die Hefe mit Honig und lauwarmem Wasser vermengen und darin auflösen. Zugedeckt für 10 Minuten stehen lassen, damit die Hefe arbeiten kann. Mit den restlichen Zutaten zu einem geschmeidigen Teig kneten. In einer abgedeckten Schüssel für mindestens 1 Stunde ruhen lassen, bis sich der Teig größenmäßig annähernd verdoppelt hat.

Auf einer bemehlten Arbeitsfläche nochmals gut durchkneten und zu einer Kugel formen. Diese in 8 gleich große Portionen teilen und rund schleifen.

Die Weckerl kopfüber in Wasser tunken, bis die komplette Oberseite benetzt ist. Anschließend ebenso kopfüber in Sesam tunken.

Auf einem mit Backpapier ausgelegten Backblech nochmals für 20 Minuten ruhen lassen. In der Zwischenzeit den Backofen auf 200 °C Umluft vorheizen.

Die Weckerl für 15 Minuten backen, anschließend die Temperatur auf 180 °C Umluft reduzieren und für weitere 10 Minuten fertig backen.

Die Autorin

Michaela Titz

Michaela ist 40 und lebt zusammen mit ihrem Mann, ihren drei Söhnen und ihrem Labrador am Stadtrand von Wien. Nach dem Bezug des Hauses vor zehn Jahren war sofort klar, dass der alte Obstbaumbestand erhalten bleiben soll und sie einen Gemüsegarten anlegen würde. Mit der ersten Ernte kamen auch schon viele Ideen zur Verarbeitung von Ost und Gemüse, die sich in kreativen Rezepten und Konservierungsvarianten für die Speisekammer wiederfinden.

Ihre Ideen sammelt Michaela auf ihrem Foodblog littlebee.at, außerdem schreibt sie für Magazine und entwickelt Rezepte für bekannte Marken.

Michaela ist engagierte Botschafterin von Zero Waste Austria und teilt ihr Wissen rund um NO Foodwaste in Vorträgen und Workshops.

Alle Rezepte

Frühling

Sommer

Herbst

Winter

Basics

Register

A

B

C

D

E

F

G

L

M

N

T

V

W

Z